Lucas Fobian

Digitalisierung und bedingungsloses Grundeinkommen

Führt die Digitalisierung in die Massenarbeitslosigkeit?

Bibliografische Information der Deutschen Nationalbibliothek:

Die Deutsche Nationalbibliothek verzeichnet diese Publikation in der Deutschen Nationalbibliografie; detaillierte bibliografische Daten sind im Internet über http://dnb.d-nb.de abrufbar.

Impressum:

Copyright © Studylab 2018

Ein Imprint der Open Publishing GmbH, München

Druck und Bindung: Books on Demand GmbH, Norderstedt, Germany

Coverbild: Open Publishing GmbH | Freepik.com | Flaticon.com | ei8htz

Inhaltsverzeichnis

Abbildungsverzeichnis

Tabellenverzeichnis

1 Einleitung

> „New technologies and approaches are merging the physical, digital, and biological worlds in ways that will fundamentally transform humankind. The extent to which that transformation is positive will depend on how we navigate the risks and opportunities that arise along the way"
>
> - Klaus Schwab[1]

Wie schon oft in der Geschichte der Menschheit steht sie auch heute wieder vor der Herausforderung eine technische Revolution zu bewältigen.

Die aktuelle Herausforderung „Digitalisierung" - wird die Art wie wir leben und arbeiten grundlegend verändern, und bietet dadurch beispiellose Chancen. Gleichzeitig birgt sie aber auch noch nie dagewesene Risiken.

1.1 Problemstellung und Zielsetzung der Arbeit

Politische und wirtschaftliche Debatten werden zurzeit zunehmend von den möglichen gesellschaftlichen und wirtschaftlichen Umbrüchen der Digitalisierung dominiert. Dabei sticht ein Diskussionsthema besonders heraus – die Auswirkungen der Digitalisierung auf die Arbeitswelt.

Die aktuell wieder aufkommende Furcht vor einer technisch bedingten Massenarbeitslosigkeit existiert bereits seit der ersten industriellen Revolution und spielt auch in der aktuellen Debatte wieder eine große Rolle. Die Empfindungen bezüglich der Digitalisierung werden durch diese Furcht in zwei Lager gespalten.

Die, die eine arbeitssparende Digitalisierung prognostizieren und die, die diesen Gedanken als Irrglauben abtun. Auch die Idee des bedingungslosen Grundeinkommens erfährt in diesem Zusammenhang wieder größerer Aufmerksamkeit.

Während also Persönlichkeiten wie Bill Gates, Elon Musk und andere, die die aufkommenden Technologien hautnah erleben, sich für ein Grundeinkommen als wohlstandsverteilendes Instrument einer arbeitssparenden Digitalisierung aussprechen, scheint die Aussage, dass auch vergangene industrielle Revolutionen nie zu einer dauerhaft hohen Arbeitslosigkeit geführt haben, unter Ökonomen

---

[1] Schwab, 2016.

nach wie vor ein Kernargument gegen eine arbeitssparende Digitalisierung zu sein.[2,3,4,5]

Diese Arbeit hinterfragt dieses Kernargument und stellt die möglichen makroökonomischen Auswirkungen einer arbeitssparenden Digitalisierung dar. In diesem Zuge wird außerdem das bedingungslose Grundeinkommen als Lösungsansatz diskutiert.

1.2 Aufbau und Vorgehen der Arbeit

Nach der Einleitung werden die theoretischen und begrifflichen Grundlagen geklärt. Neben begrifflichen Definitionen der zentralen Konzepte „Digitalisierung" und „Künstliche Intelligenz" finden sich in Kapitel 2 insbesondere makroökonomische Grundlagen zum keynesianischen Gesamtmodell sowie zu der Kompensationstheorie. Außerdem werden einige Finanzierungsmodelle für das Grundeinkommen vorgestellt. Kapitel 3 gibt einen Überblick über die historischen Auswirkungen technischen Fortschritts bis hin zur heutigen Tertiarisierung der Volkswirtschaft. Auf Grundlage dessen wird gezeigt, inwiefern sich die Digitalisierung von vergangenen technischen Revolutionen unterscheidet und dass sich Arbeit zunehmend „vergeistigt".

Im nächsten Schritt werden Technologien vorgestellt, die zunehmend die Automatisierung menschlicher Arbeit, insbesondere der Denkarbeit, ermöglichen.

Anschließend werden mehrere Studien vorgestellt, die die Substituierbarkeitspotenziale von Berufen durch die zuvor vorgestellten Technologien untersuchen.

Auf Basis dieser Substituierbarkeitspotenziale wird in Kapitel 4 untersucht, wie sich solch umfassende Freisetzungseffekte auf das ökonomische System auswirken könnten. Dabei werden die Auswirkungen in der kurzen Sicht modellhaft dargestellt. In der mittleren bis langen Sicht wird das ökonomische Kernargument gegen eine arbeitssparende Digitalisierung – die Kompensationstheorie - kritisch hinterfragt.

---

[2] vgl. Delaney, 2017.

[3] vgl. World Government Summit, 2017.

[4] vgl. Brynjolfsson/McAfee, 2016, S. 212.

[5] vgl. Cyert/Mowery, 1987, S. 17.

In Kapitel 5 werden abschließend die makroökonomischen Risiken ohne ein Grundeinkommen in dem Szenario einer arbeitssparenden Digitalisierung untersucht. Außerdem werden die makroökonomischen Auswirkungen eines Grundeinkommens – soweit möglich – skizziert und die Vor- und Nachteile von selbigem gezeigt.

In Kapitel 6 wird ein abschließendes Fazit formuliert.

2 Theoretische und begriffliche Grundlagen

2.1 Definition Digitalisierung

Die Digitalisierung ist momentan in aller Munde und erfährt großer Aufmerksamkeit. Obwohl es keinen einheitlichen „Startpunkt" für den Beginn der Digitalisierung gibt, liegen frühe Anhaltspunkte für diese Entwicklung schon einige Zeit zurück.

Das folgende Diagramm des Google Ngram Viewer zeigt, dass der Begriff „Digitization" (Englisch für „Digitalisierung") in der englischen Literatur erstmals um 1960 erscheint und die Häufigkeit der Verwendung des Begriffs seit den 1970er Jahren stark zunahm:

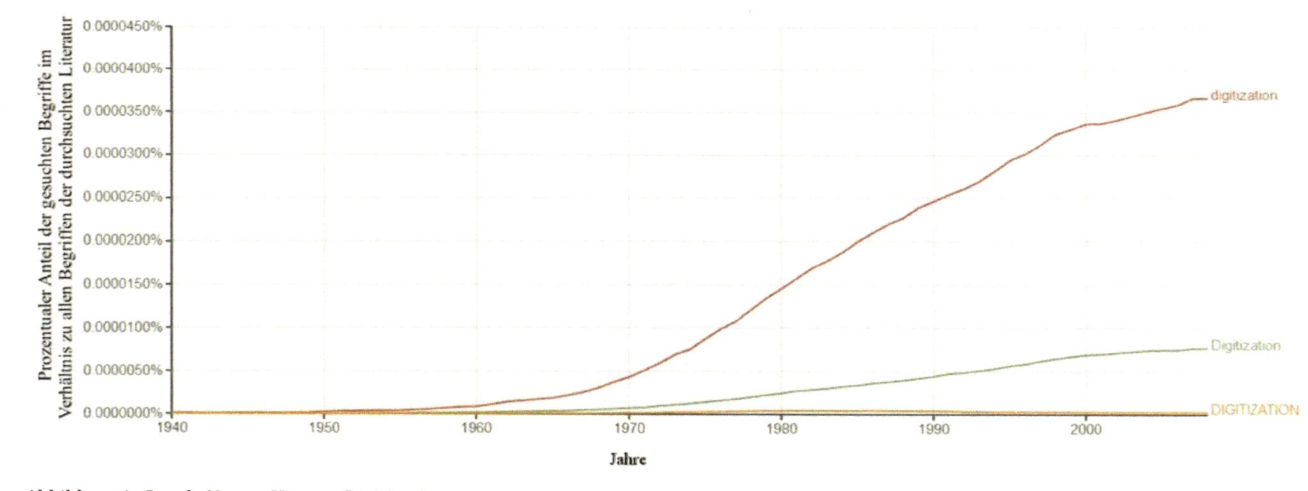

Abbildung 1: Google Ngram Viewer: Digitization

Quelle: https://goo.gl/XBLoE7

Die y-Achse gibt dabei den prozentualen Anteil der gesuchten Begriffe im Verhältnis zu allen Begriffen innerhalb der verfügbaren Literatur für die gesuchten Kriterien wieder. Die gesuchten Kriterien waren in diesem Fall die englische Literatur ab 1940 bis 2008 mit dem Suchbegriff „Digitization". Die x-Achse zeigt die Jahre.

Das Diagramm zeigt die Ursprünge der Technologie, durch die es selbst erst ermöglicht wurde. Google LLC hat im Laufe der Zeit große Mengen an Literatur digitalisiert, wodurch es heute erst möglich ist, z.B. Literatur zwischen 1940 und heute nach dem Stichwort „Digitization" zu durchsuchen.

Das Diagramm zeigt außerdem, dass die Verwendung des Begriffs „Digitization" insbesondere ab dem Jahr ~1970 stark ansteigt. Zu diesem Zeitpunkt entwickelte Intel den ersten Serien-Mikroprozessor. Diese Entwicklung gilt seither als Anhaltspunkt für den Beginn der Digitalisierung. Digitale Computer wurden zwar - wie auch der Verlauf des Graphen vermuten lässt - schon seit mehreren Jahren gebaut und genutzt, waren aber auf Grund ihrer physikalischen Ausmaße und den enormen Kosten nur einigen wenigen - oft staatlichen - Instituten vorbehalten. Der IBM 7090 z.B. wurde 1959 eingeführt und kostete damals 3 Millionen $ und wurde hautsächlich von der US Air Force und der NASA genutzt.[6]

Weitere Meilensteine der Digitalisierung sind die zwischen 1981 und 1984 veröffentlichen Computer „Apple Macintosh" sowie der „IBM Personal Computer" die die ersten massentauglichen Computer für den persönlichen Gebrauch darstellten.[7,8]

Der Begriff „Digitalisierung" beschreibt im Prinzip das Umwandeln analoger Informationen in digitale Daten. Um einen handgeschriebenen Text zu digitalisieren müsste man ihn z.B. händisch abtippen, dem Computer diktieren oder aber mit Hilfe der OCR (optical character recognition/optische Zeichenerkennung) den Text eines eingescannten Bildes automatisch erkennen lassen. Neben Texten können auch Bilder, Filme, Töne und Informationen physikalischer Objekte wie Temperaturen oder Geschwindigkeiten von Sensoren digitalisiert werden.

---

[6]   vgl. O'Regan, 2016, S. 90.
[7]   vgl. Hansen, 2017, S. 14.
[8]   vgl. Williams, 2017, S. 94 f.

Diese binäre Repräsentation analoger Informationen kann damit nicht mehr nur zwischen Mensch und Mensch, sondern auch zwischen Mensch und Maschine oder aber zwischen Maschine und Maschine übertragen, gespeichert, verarbeitet und verteilt werden.[9,10]

Die Geschwindigkeiten der Übertragung, Verarbeitung sowie der Analyse elektronischer Information profitierte außerdem von im Laufe der Zeit immer leistungsfähigeren Maschinen. Laut dem von Gordon Moore 1965 formulierten „Gesetz", verdoppelt sich bei gleichbleibendem Preis die Leistungsfähigkeit der Informations- und Kommunikationstechnik etwa alle zwei Jahre.[11,12]

Durch diese exponentielle Entwicklung war es möglich, dass digitale Daten zunehmend Einzug in eine bis dahin analoge Welt finden konnten.

Wenn heute von der Digitalisierung gesprochen wird ist jedoch meist nicht mehr die Rede von dem Konvertieren analoger Informationen in digitale Daten, sondern vielmehr von den Technologien, die durch die Digitalisierung ermöglicht werden.

Insbesondere Stichwörter wie das „Internet of Things", künstliche Intelligenz aber auch der 3D-Druck werden heute mit der Digitalisierung verbunden. Schon heute haben die genannten Technologien großen Einfluss auf Wirtschaft, Politik und die Gesellschaft.

Wie sich später zeigen wird, spielt insbesondere das Gebiet der künstlichen Intelligenz eine der größten Rollen bezüglich der Auswirkungen durch die Digitalisierung. Aber auch die Auswirkungen des 3D-Drucks werden im späteren Verlauf der Arbeit - stellvertretend für die Auswirkungen weiterer Produktionsverfahren - vorgestellt.

---

[9]   vgl. Neugebauer, 2018, S. 9.

[10]   vgl. Brynjolfsson/McAfee, 2016, S. 19.

[11]   vgl. Lemke, 2015, S. 24 f.

[12]   vgl. Stengel/van Looy/Wallaschkowski, 2017, S. 40.

2.2 Künstliche Intelligenz

„Künstliche Intelligenz/KI" (engl. artificial intelligence/AI) ist als der Versuch einer „Mechanisierung" bzw. konzeptuellen Nachahmung der natürlichen Intelligenz zu verstehen.[13]

Im Allgemeinen wird Intelligenz als die kognitive Leistungsfähigkeit von Lebewesen oder Systemen verstanden. Der Duden schreibt dazu, dass „Intelligenz die Fähigkeit [ist], abstrakt und vernünftig zu denken und daraus zweckvolles Handeln abzuleiten."[14]

Demzufolge kann Intelligenz selbstständig bisher unbekannte Probleme lösen, sich an veränderte Umstände anpassen und mit einer gewissen Voraussicht handeln.

Man unterscheidet zwischen Systemen mit schwacher und starker künstlichen Intelligenz. Eine starke künstliche Intelligenz ist menschenähnlich oder der menschlichen Intelligenz sogar überlegen.[15] Die Struktur des menschlichen Gehirns ist allerdings äußerst komplex und verändert sich zudem auch noch kontinuierlich, wodurch es bisher nicht möglich war, den kompletten „Schaltplan" zu erstellen und in die Umgebung einer künstlichen Intelligenz zu übertragen.[16] Man kann deshalb bei dem aktuellen Stand der Forschung noch nicht von der Existenz einer starken künstlichen Intelligenz sprechen.

Schwache künstliche Intelligenz hingegen ist auf einen konkreten Bereich oder auf konkrete Aufgaben beschränkt.[17]

Ein, auch für spätere Ausführungen, besonders relevante Teilgebiet der künstlichen Intelligenz ist das so genannte maschinelle Lernen (oder im Englisch: „machine learning"). Stark vereinfacht beschreibt das maschinelle Lernen selbstlernende Programme, bei denen es nicht mehr notwendig ist einen kompletten Ablauf per Hand zu programmieren. Dazu müssen diese Programme mit einer großen Anzahl von Beispieldaten versorgt werden, aus denen sie dann eigenständig Muster und Eigenschaften der Daten erlernen. So können sehr komplexe und

---

[13] vgl. Ertel, 2016, S. 9.
[14] Dudenredaktion, 2018.
[15] vgl. Jaekel, 2017, S. 21 ff.
[16] vgl. Ertel, 2016, S. 266 ff.
[17] vgl. Stengel/van Looy/Wallaschkowski, 2017, S. 90.

schwierige Verhaltensmuster von dem Programm selbst erlernt werden. Das ist insbesondere dort von Vorteil, wo die klassische Programmierung aufgrund der Komplexität von Aufgaben an ihre Grenzen stößt.[18]

Das maschinelle Lernen profitiert insbesondere durch die massiven Datenmengen, die die Digitalisierung mit sich bringt - auch Big Data genannt.[19]

2.3 Makroökonomische Grundlagen

Nachfolgend werden die für die vorliegende Themenstellung benötigten makroökonomischen Grundlagen dargestellt.

In der modernen Makroökonomie werden drei grundsätzliche Perspektiven betrachtet: Die kurze, mittlere und lange Sicht.

Die kurze Sicht beschreibt die Veränderungen einer Volkswirtschaft innerhalb eines Jahres. Die mittlere Sicht untersucht einen Zeitraum von 10 Jahren und die lange Sicht untersucht die nächsten 50 Jahre und darüber hinaus.

In der kurzen Sicht können die Märkte einer Volkswirtschaft im Ungleichgewicht sein. In der mittleren bis langen Sicht jedoch, so der überwiegende ökonomische Konsens, würde eine Volkswirtschaft immer wieder Gleichgewichte auf allen Märkten erreichen. Die für diese Arbeit relevanten Märkte sind der Güter-, Geld- sowie der Arbeitsmarkt.[20,21,22]

2.3.1 Kurze Sicht

In der Makroökonomie gibt es kein Modell, das alle volkswirtschaftlichen Zusammenhänge gleichzeitig darstellen und untersuchen kann. Stattdessen werden verschiedene Modelle für verschiedene Untersuchungen genutzt.[23] Auch das unten gezeigte Modell erhebt nicht den Anspruch, alle möglichen Wechselwirkungen innerhalb einer Volkswirtschaft abzubilden:

---

[18]   vgl. Ertel, 2016, S. 191 f.
[19]   vgl. Neugebauer, 2018, S. 14 f.
[20]   vgl. Blanchard/Illing, 2014, S. 31, 50.
[21]   vgl. Brynjolfsson/McAfee, 2016, S. 212.
[22]   vgl. Cyert/Mowery, 1987, S. 17.
[23]   vgl. Mankiw, 2010, S. 12.

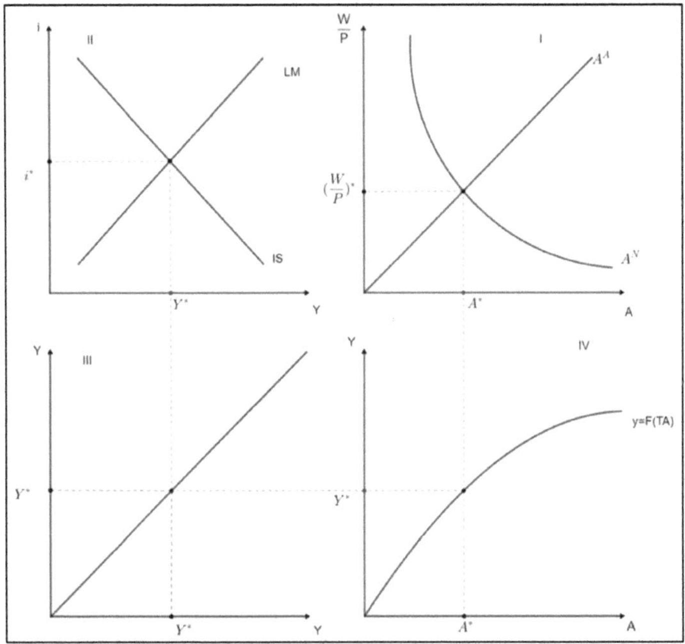

Abbildung 2: Modifiziertes keynesianisches Gesamtmodell

Eigene Darstellung auf Basis des keynesianischen Gesamtmodells nach Mussel, 2013, S. 166; Erläuterung siehe Text

Das Modell basiert auf dem keynesianischen Gesamtmodell und eignet sich für komparativ-statische Betrachtungen.

Vorgenommen wurden einige Änderungen, um den Untersuchungsgegenstand - die makroökonomischen Auswirkungen der Digitalisierung in der kurzen Sicht - besser darstellen zu können.

Das Modell verfügt, im Gegensatz zum Standard Gesamtmodell, über eine um den technischen Fortschritt erweiterte Produktionsfunktion sowie um einen angepassten Arbeitsmarkt.

Der erste Quadrant zeigt den Arbeitsmarkt. Auf der x-Achse ist der Produktionsfaktor Arbeit A abgetragen. Auf der y-Achse ist der Reallohn $\frac{W}{P}$ abgetragen, wobei W den Nominallohn und P das Preisniveau darstellt. Die Kurve $A^A(\frac{W}{P})$ zeigt das gesamtwirtschaftliche Arbeitsangebot durch die Haushalte, die den Produktionsfaktor Arbeit A in Abhängigkeit des Reallohns $\frac{W}{P}$ anbieten. Die Kurve $A^N(\frac{W}{P})$ zeigt

15

die gesamtwirtschaftliche Arbeitsnachfrage durch die Unternehmen in Abhängigkeit von dem Reallohn $\frac{W}{P}$.

A^A verläuft positiv, da bei steigendem Reallohn immer mehr Haushalte bereit sind ihre Freizeit gegen ein größeres Arbeitsangebot zu „tauschen". A^N verläuft negativ, da durch einen höheren Reallohn die Grenzkosten der Arbeit steigen. Um zu verhindern, dass die Grenzkosten der Arbeit höher als die Grenzerlöse werden, reduziert sich die Arbeitsnachfrage. Vereinfacht haben die Unternehmen bei steigendem Reallohn also höhere Kosten zu tragen und fragen deswegen weniger Arbeitsplätze nach. Der Schnittpunkt zwischen A^N und A^A beschreibt einen Reallohn, bei dem die Arbeitsnachfrage dem Arbeitsangebot entspricht.[24]

Das zeigt sich auch durch die Produktionsfunktion, die im vierten Quadranten abgetragen ist. Auf der y-Achse ist die Produktionsmenge Y, auf der x-Achse der Produktionsfaktor Arbeit A abgetragen. Die Produktionsfunktion $y = F(TA)$ zeigt den Zusammenhang zwischen der Produktionsmenge Y und dem dafür benötigten Arbeitseinsatz A. Der Produktionsfaktor Kapital K ist für die Zwecke dieser Untersuchung nicht allzu relevant und wird deswegen zur Vereinfachung konstant gehalten ($\overline{K}$) und damit außer Acht gelassen. Erweitert wurde die übliche Produktionsfunktion stattdessen um den exogenen Faktor des technischen Fortschritts T. Interpretieren lässt sich T als die Arbeitsproduktivität pro Arbeitseinsatz A. Eine Erhöhung von T würde demzufolge bedeuten, dass für die gleiche Produktionsmenge Y nunmehr weniger Arbeit A eingesetzt werden muss bzw. dass mit gleichem Arbeitseinsatz A eine höhere Produktionsmenge Y erzeugt werden kann.[25]

Die Produktionsfunktion hat einen abnehmenden positiven Verlauf da, sofern ein Produktionsfaktor konstant gehalten wird ($\overline{K}$), die Produktionsfunktion mit einer

---

[24] Das keynesianische Gesamtmodell unterstellt für gewöhnlich nach unten starre Löhne und unterscheidet sich deswegen von der oben dargestellten Form. In dieser Darstellung des Arbeitsmarktes entfällt dieser Punkt, da er für diese Untersuchung irrelevant ist und die Darstellung nur unnötig verkomplizieren würde. Demzufolge wird auch der in Deutschland herrschende Mindestlohn nicht dargestellt. Des Weiteren wird die natürliche Erwerbslosenquote (bestehend aus freiwilliger, struktureller und friktioneller Arbeitslosigkeit) konstant gesetzt und im Modell ebenfalls nicht dargestellt. (Vgl. Wohltmann, 2016, S. 294) Den ursprünglichen keynesianische Ansatz des Gesamtmodells stellt z.B. Mussel, 2013, S. 166 dar.

[25] vgl. Blanchard/Illing, 2014, S. 362–365.

Vermehrung des variablen Produktionsfaktors – in diesem Fall A - nur unterproportional ansteigt.[26]

Ein banales Beispiel für diesen Verlauf ist das folgende: Die Einstellung von mehr Arbeitskräften A würde bei einer gleichbleibenden Anzahl von Maschinen (in dem Fall stehen die Maschinen für $\overline{K}$) nur zu einer geringeren Produktionsmengenerhöhung führen, da die Maschine nicht schneller arbeiten kann, nur weil sie von einer größeren Anzahl von Arbeitskräften bestückt wird. Auf eine mathematische Erklärung der Produktionsfunktion wird an dieser Stelle verzichtet.[27]

Der zweite Quadrant zeigt die IS-, sowie die LM-Kurve, die Kombination dieser beiden Kurven wird auch als das IS-LM-Diagramm bezeichnet. Umfangsbedingt kann das IS-LM-Diagramm an dieser Stelle nur äußerst oberflächlich behandelt werden.[28]

Im IS-LM-Diagramm ist auf der x-Achse das Volkseinkommen Y, auf der y-Achse der Zinssatz i abgetragen.

Die IS-Kurve ist der geometrische Ort aller Zins-Volkseinkommen-Kombinationen, bei denen ein Gleichgewicht auf dem Gütermarkt herrscht.

Die Gleichgewichtsbedingung des Gütermarkts lautet: $Y_A \overset{!}{=} Y_N$.

Y^A ist durch das gesamtwirtschaftliche Güterangebot definiert und entspricht der Produktionsmenge Y. Da die Produktionsmenge das Volkseinkommen Y festlegt, ergibt sich die gleiche Größe für das gesamtwirtschaftliche Güterangebot, der Produktionsmenge und dem Volkseinkommen.

Y_N wird definiert durch $Y_N = C(Y - T) + I(y, i) + G$.

C steht dabei für den Konsum der privaten Haushalte in Abhängigkeit des Volkseinkommen Y sowie T. T steht für die Abgaben und Steuern, die vom Konsument zu zahlen sind abzüglich der Transferleistungen. I steht für die Investitionsnachfrage der Unternehmen in Abhängigkeit des Volkseinkommen Y sowie dem Zins-

---

[26] vgl. Engelkamp/Sell, 2017, S. 225.

[27] Weiterführende Literatur zur Produktionsfunktion: Engelkamp/Sell, 2017, 79-86.

[28] Die Darstellungen der Gleichungen des IS-LM-Modell sollen in erster Linie dazu dienen einen Überblick über die zu Grunde gelegten Funktionen des verwendeten Modells zu schaffen. Weiterführende Literatur zum Thema IS-LM-Modell findet sich z.B. in Blanchard/Illing, 2014, S. 83–143.
Auf Blanchard/Illing, 2014 basiert auch der folgende Abschnitt über das IS-LM-Diagramm.

satz i. Die Investitionsnachfrage steigt mit steigendem Volkseinkommen Y und sinkt mit steigendem Zinssatz i. G steht für die Staatsausgaben. Die IS-Kurve verläuft negativ, da die Unternehmen mit steigendem Zins i ihre Investitionsnachfrage I senken. Dadurch sinkt Y_N, die Produktionsmenge Y_A passt sich an und das Volkseinkommen Y sinkt.

Die LM-Kurve ist der geometrische Ort aller Zins-Volkseinkommen-Kombination, bei denen ein Gleichgewicht auf dem Geldmarkt herrscht. Die Gleichgewichtsbedingung lautet $\frac{M}{P} \overset{!}{=} L_T(Y) + L_S(i)$ und beschreibt damit den Zusammenhang zwischen dem Geldangebot definiert als die reale Geldmenge $\frac{M}{P}$ und der Geldnachfrage L. M ist dabei definiert als die nominelle Geldmenge, P steht für das Preisniveau. L setzt sich zusammen aus der Nachfrage nach Transaktionskasse $L_T(Y)$ in Abhängigkeit vom Volkseinkommen Y sowie der Nachfrage nach Spekulationskasse $L_S(i)$ in Abhängigkeit vom Zinssatz i.

Die LM-Kurve verläuft positiv, da mit steigendem Volkseinkommen Y die Nachfrage nach der Transaktionskasse $L_T(Y)$ steigt. Dadurch sinkt die Spekulationskasse $L_S(i)$ und die Zinsen i steigen.

Quadrant drei ist eine Spiegelachse des Gleichgewichtseinkommen Y^*, die sich aus dem zweiten Quadranten ergibt und stellt die Verbindung zwischen dem IS-LM-Diagramm und der Produktionsfunktion her.

Einflussgrößen, die nicht direkt untersucht werden sollen, verbleiben im Modell unverändert (Ceteris Paribus). So wird z.B. der internationale Handel nicht betrachtet und der Außenbeitrag beträgt null.

Im oben dargestellten Modell befinden sich alle Märkte im Gleichgewicht. Diese Gleichgewichtssituation wird genutzt, um im weiteren Verlauf der Arbeit (teilweise Kapitel 4 sowie 5) Störungen zu untersuchen. Zur Vereinfachung wird im weiteren Verlauf der Arbeit jedoch größtenteils auf eine formale und grafische Darstellung verzichtet und die Auswirkungen, die sich im Modell vollziehen, nur verbal wiedergegeben.

2.3.2 Kompensationstheorie

Die Kompensationstheorie umfasst die Kompensationseffekte, die genutzt werden, um zu begründen, warum eine Volkswirtschaft nach Freisetzungseffekten bzw. Ungleichgewichten in der kurzen Sicht auf mittlere bis lange Sicht immer wieder zu einem Gleichgewicht zurückfindet.

Als Freisetzungseffekt wird die Freisetzung von Arbeitskräften im Zuge von technischen Wandel bezeichnet.[29] Die Wörter „Arbeitslosigkeit", „Freisetzung" sowie „Erwerbslosigkeit" werden in dieser Arbeit als Synonym verwendet und beschreiben Erwerbspersonen, die keiner beruflichen Beschäftigung nachgehen.

Einige der Kompensationseffekte griff erstmals Jean-Baptiste Say 1803 in seinem Werk „Traité d'economie politique" auf.[30] David Ricardo und Karl Marx prägten diese und weitere Kompensationseffekte dann unter der dem Namen der „Kompensationstheorie".[31,32,33]

Viele der Kompensationseffekte der Kompensationstheorie basieren deshalb auf dem sayschen Theorem, dass unter anderen auf den französischen Ökonomen Jean-Baptiste Say (1767-1832) zurückgeht. Das saysche Theorem besagt vereinfacht, dass sich jedes Angebot seine eigene Nachfrage schafft bzw., dass aus jeder Produktion in genau gleicher Höhe Einkommen entstehe und dieses Einkommen voll nachfragewirksam sei. Es spielt dabei keine Rolle, ob das Einkommen für Konsum genutzt oder gespart werde. Konsumiert ein Haushalt sein verfügbares Einkommen ist der Konsum direkt nachfragewirksam. Auch Nachfragewirksam ist es nach dem sayschen Theorem, wenn ein Haushalt sein Einkommen spart (z.B. durch das Anlegen bei der Bank) - das gesparte Einkommen würde dann von der Bank an Unternehmen verliehen werden, die dadurch nachfragewirksam investieren. Es wird daher davon ausgegangen, dass Geld, auf welchem Weg auch immer, unmittelbar zurück in den Wirtschaftskreislauf fließt.[34,35]

Die Kompensationstheorie umfasst folgende Kompensationseffekte:[36]

Kompensationseffekt durch neue „Maschinen"

Der Grundgedanke hierbei ist, dass bei der Substitution menschlicher Arbeit durch „Maschinen" die Nachfrage nach Arbeitskraft bei den Herstellern von Inves-

---

[29] vgl. Mettelsiefen, 1981, S. 16.

[30] vgl. Say, 1971, S. 87, 134 f.

[31] vgl. Marx, 1962, S. 461–504.

[32] vgl. Ricardo/Sraffa, 2004, S. 396 f.

[33] vgl. May, 2003, S. 242.

[34] vgl. Say, 1971, S. 134 f.

[35] vgl. Engelkamp/Sell, 2017, S. 29 f, 296.

[36] Die folgenden Wechselwirkungen finden sich in analytischer Form in so gut wie jedem makroökonomischen Lehrbuch wie z.B. bei Blanchard/Illing, 2014. Aber auch Vivarelli, 2012; Franz, 2013 sowie Mettelsiefen, 1981.

titionsgüter (der „Maschinen") und ihren jeweiligen Vorstufen steigt. Die Arbeitsnachfrage würde also in den von der Substitution betroffenen Bereichen sinken, aber durch die gestiegene Arbeitsnachfrage im produzieren Gewerbe wieder zu einem Gleichgewicht führen.

Kompensationseffekt durch Preissenkungen

In einem wettbewerbsorientierten Markt werden durch gesunkene Kosten auch die Preise der betroffenen Güter sinken.

Die gesunkenen Preise entsprechen einem höheren Realeinkommen der Konsumenten, wodurch die Konsumenten die Möglichkeit hätten, ihre Nachfrage entsprechend zu erhöhen. Eine erhöhte Nachfrage würde zu einer erhöhten Produktion führen und dementsprechend auch zu einer wieder steigenden Nachfrage nach menschlicher Arbeitskraft.[37] Das „Kaufkrafttheorem" von Say besagt zudem, dass die Gesamtkaufkraft der Volkswirtschaft selbst bei einer Freisetzung von Arbeitskraft durch die induzierten Preissenkungen unverändert bleibt.[38] Das fehlende Einkommen der freigesetzten Arbeitskräfte würde also durch das durch die Preissenkungen größere Realeinkommen der anderen Haushalte kompensiert.

Kompensationseffekt durch neue Investitionen

Ähnlich wie der Kompensationseffekt durch neue Maschinen basiert auch dieser Kompensationseffekt darauf, dass sich die Nachfrage nach Arbeitskraft von dem Bereich, in dem sie freigesetzt wurde, in einen anderen verlagert. Durch die mit einer erhöhten Produktivität einhergehende Kostensenkung, so David Ricardo (1772-1823), würde bei den Unternehmen zusätzliches Kapital (unter der Annahme, dass der Prozess der Preisanapassung einige Zeit in Anspruch nimmt) entstehen, das wiederum für neue Investitionen genutzt wird, was die Arbeitsnachfrage wieder erhöhen wird.[39]

Kompensationseffekt durch Niedriglöhne

Im Falle eines Angebotsüberschusses auf dem Arbeitsmarkt würde sich auf mittlere bis lange Sicht wieder ein Gleichgewicht einstellen, indem die Nominallöhne gesenkt werden. Die Löhne würden im Falle einer Substitution durch „Maschinen"

---

[37] vgl. Say, 1971, S. 87.

[38] vgl. Mettelsiefen, 1981, S. 44 f.

[39] vgl. Ricardo/Sraffa, 2004, S. 396 f.

also so lange fallen, bis sie wieder unter oder gleich den Kosten der jeweiligen Substitution sind. Das würde schlussendlich wieder zu einer erhöhten Arbeitsnachfrage seitens der Unternehmen führen.

Kompensationseffekt durch neue Märkte und Produkte

Die Freisetzungseffekte würden dadurch kompensiert, dass neue Märkte entstehen oder neue Produkte entwickelt werden, die eine ausreichende Nachfrage nach menschlicher Arbeitskraft generieren. Während bei den anderen Kompensationseffekten die Rede von sogenannten Prozessinnovationen war, deren Innovation in der gestiegenen Produktivität eines Produktionsprozesses liegt, handelt es sich bei dem Kompensationseffekt durch neue Märkte und Produkte um sogenannte „Produktinnovationen". Produktinnovationen sind neue oder verbesserte Güter, die vorher auf den Märkten nicht verfügbar waren.

Es ist anzumerken, dass eine genaue Unterteilung technischer Innovationen in Prozess- und Produktinnovation schwierig sein kann, da Produktinnovationen unter Umständen in anderen Sektoren zu den Prozessinnovationen zählen. So stellt z.B. ein Industrieroboter im Maschinenbau eine Produktinnovation, in der Automobilindustrie jedoch eine Prozessinnovation dar.[40]

2.4 Grundlagen Grundeinkommen

Im Zuge der Digitalisierung bzw. dem generellen technologischen Fortschritt erfährt das Modell des Grundeinkommens momentan wieder erhöhte Aufmerksamkeit und war sogar in einigen Parteiprogrammen des deutschsprachigen Raums zu finden. Auch Pilotprojekte zur Umsetzbarkeit des Grundeinkommens finden sich immer öfter. Während ein populäres Testprojekt in Finnland 2019 auslaufen wird, wird der erste Versuch in Deutschland in den nächsten Jahren in Schleswig-Holstein stattfinden. Konkrete Informationen zu z.B. der Höhe des dort angestrebten Test-Grundeinkommens sind allerdings noch nicht bekannt.[41,42]

Doch das Grundeinkommen ist keineswegs eine neue Idee. Das Konzept existiert bereits seit einigen Jahrhunderten unter verschiedenen Bezeichnungen. Auch wenn es in der Antike schon Ansätze eines Grundeinkommens gegeben haben

---

[40] vgl. Franz, 2013, S. 190 ff.

[41] vgl. Süddeutsche.de, 2018.

[42] vgl. CDU/CSU/Die Grünen, 2017, S. 31.

soll, findet sich die Idee niedergeschrieben das erste Mal in dem Buch Utopia von Thomas Morus, welches im Jahre 1516 veröffentlicht wurde.

Die Rahmenbedingungen seiner Idee des Grundeinkommens stimmen mit dem heutigen Verständnis weitestgehend überein.[43] Das Grundeinkommen ist eine finanzielle Zuwendung, die vom Staat an alle Bürger individuell ausgezahlt wird. Wird das Grundeinkommen außerdem ohne vorherige Gegenleistung und ohne vorherige Bedürftigkeitsprüfung ausbezahlt, spricht man von einem bedingungslosen Grundeinkommen.[44] In der aktuellen Diskussion wird bei dem Begriff „Grundeinkommen" jedoch meist impliziert, dass es bedingungslos, also eine einseitige nicht an Gegenleistungen geknüpfte Leistung ist – so auch in dieser Arbeit.

Die Idee des Grundeinkommens findet sich in den unterschiedlichsten Bezeichnungen wieder. Einige Beispiele wären das „Bürgergeld", „Einkommensgarantie" oder die „Sozialdividende".[45] Diese Alternativbezeichnungen weisen oft ähnliche Inhalte auf, können sich aber auch stark zur oben formulierten Definition unterscheiden.

Zu unterscheiden ist das Grundeinkommen außerdem von staatlichen Transferzahlungen wie z.B. der in Deutschland bestehenden Sozialhilfen (Arbeitslosengeld I und II etc.). Diese Zuwendungen sind entweder an vorher erbrachte Leistungen und/oder an andere Verpflichtungen geknüpft und außerdem bedürftigkeitsabhängig und entsprechen daher nicht den Kriterien eines bedingungslosen Grundeinkommens.

Die Höhe des Grundeinkommens kann je nach Auffassung variieren, jedoch ist die Höhe fast in jedem Modell existenzsichernd. Laut des letzten Existenzminimumberichts des Bundesfinanzministeriums aus 2016 setzt sich das Existenzminimum unter anderen aus dem Regelbedarf (Lebensunterhalt, Nahrung, Kleidung etc.) und den Kosten für Unterkunft und Heizung zusammen.

Außerdem soll das Existenzminimum die Teilnahme am kulturellen Leben ermöglichen (§20, Absatz 1, SGB II). So beläuft sich das Existenzminimum laut dem Bundesfinanzministerium auf insgesamt 721€ monatlich für einen alleinstehen-

---

[43] vgl. Arnswald, 2010, S. 159.

[44] vgl. Vanderborght/van Parijs, 2005, S. 37 ff.

[45] vgl. Vanderborght/van Parijs, 2005, S. 14.

den Erwachsenen.[46] Auch wenn dieser Betrag das „offizielle" Existenzminium ist, ist in den meisten Modellen eine eigen definierte Höhe des Existenzminimums zu finden, die meist weit über den genannten 721€ liegt.

2.4.1 Finanzierungsmodelle

Eine der am häufigsten kritisierten Aspekte des Grundeinkommens ist dessen Finanzierung. Deswegen werden nachfolgende einige der existierenden Finanzierungsmodelle vorgestellt. Für die vorliegende Arbeit ist zu erwähnen, dass nur auf den Finanzierungsaspekt eingegangen wird und die restlichen Rahmenbedingungen des jeweiligen Modells (wie z.B. Höhe des Grundeinkommens) außer Acht gelassen werden.

2.4.1.1 Besteuerung der natürlichen Ressourcen

Die Idee der Finanzierung einer Art Grundeinkommen durch Einkünfte, die durch natürliche Ressourcen entstehen, ist die älteste unter den hier vorgestellten und geht bis in das 18. Jahrhundert zurück. Damals war Armut sehr verbreitet und es wurde nach Wegen gesucht, diese zu bekämpfen.

Die Idee von Thomas Paine (1737 - 1809) war, dass der Staat jedem Bürger als Kompensation, für die durch das System des Grundeigentums verlorenen naturrechtlichen Ansprüche, einen entsprechenden Betrag ausbezahlt.[47] Er geht in seinem Werk Agrarian Justice davon aus, dass die Erde Eigentum der Menschheit als Gemeinschaft ist und dass jeder Mensch mit diesem Eigentumsrecht geboren wurde. Jeder Eigentümer von Grund schuldete seiner Ansicht nach der Gemeinschaft eine Boden- und/oder Grundrente. Diese Boden- und/oder Grundrente sollte an einen „National Fund" gezahlt werden und zu einem bestimmten Zeitpunkt in Form einer einmaligen sowie einer regelmäßigen Zahlung an jeden Bürger ausbezahlt werden. [48]

Thomas Spence (1750 - 1814) sah die Erde ebenfalls als gemeinsames Eigentum der Menschheit und forderte in dem Essay „The Rights of Infants" die Grundstücke wieder der Gemeinschaft zuzuschreiben, und statt die Pacht für etwaigen Grundstücke an (adlige) Grundstückseigentümer zu zahlen, die Pachteinnahmen

---

[46]   vgl. Bundesfinanzministerium, 2016.

[47]   vgl. Vanderborght/van Parijs, 2005, S. 21.

[48]   vgl. Paine, 2017, S. 28–32.

nach Abzug der öffentlichen Ausgaben an die Bürger der Gemeinschaft zu zahlen. Er betonte, dass dadurch kein Unterschied für die Pächter entstehe, und diese wohl noch eher ihre Pacht an die Gemeinschaft als an (damals oftmals adlige) Grundstückseigner zahlen würden.[49]

Silvio Gesell (1862 - 1930) konkretisierte die oben genannten Ideen und prägte sie unter anderem mit dem Namen „Freiland". Er wollte, dass jegliche Vorrechte auf Boden aufgehoben werden. Um das zu erreichen sollte der Staat den gesamten Privatgrundbesitz aufkaufen und die ursprünglichen Eigentümer mit Staatsschuldscheinen entschädigen. Die daraus resultierenden Pachterträge sollten dann an die Menschen ausgeschüttet werden.[50]

Dass eine Art Grundeinkommen heutzutage durch Einnahmen, die durch natürliche Ressourcen generiert werden, finanziert werden kann zeigt der Alaska Permanent Fund.

Durch den Verkauf von Öl- und Gas Förderrechten verdiente der amerikanische Bundesstaat Alaska 1969 auf einen Schlag 900 Millionen $. Da Öl und Gas endlich ist, entschied Alaska per Volksentscheid im Jahre 1976 einen Fond einzurichten, in den ein Teil der staatlichen Rohstoffeinnahmen fließt. Ein Teil der Gewinne des Fonds wird fast bedingungslos an die Einwohner Alaskas in Form einer Dividende ausgeschüttet.[51] Die Höhe der Dividende ist zwar nicht annähernd existenzsichernd, aber der Alaska Permanent Fund zeigt, dass Einkünfte durch natürliche Ressourcen durchaus für die Finanzierung eines Grundeinkommens genutzt werden könnten.

2.4.1.2 Besteuerung der Wertschöpfung

Die Diskussion über eine Besteuerung der Wertschöpfung findet insbesondere im Rahmen des Gesundheitswesens statt. Das Gesundheitswesen wird in Deutschland größtenteils durch die Sozialversicherungsabgaben auf Löhne und Gehälter finanziert. Fallen Arbeitsplätze weg, leiden dementsprechend auch die Einnahmen des Gesundheitswesens darunter. Das Defizit zwischen Einnahmen und Ausgaben kann ab einem bestimmten Punkt jedoch nicht mehr auf die verbleibenden Gehälter und Löhne umgelegt werden. Zudem sind die Gesundheitsausgaben in

---

[49] vgl. Spence, 1982, S. 3–16.
[50] vgl. Gesell, 2003, S. 59–64.
[51] vgl. Alaska Permanent Fund Corporation, 2018.

Deutschland zwischen dem Jahr 2000 und 2016 um knapp 67 % gestiegen, während die Arbeitnehmerentgelte im gleichen Zeitraum nur um 43 % gestiegen sind.[52,53]

Gleichzeitig ist die Lohnquote, also der Anteil der Arbeitnehmerentgelte am Volkseinkommen, rückläufig.[54] Das weißt unter anderem darauf hin, dass der Produktionsfaktor Arbeit immer mehr durch den des Kapitals ersetzt wird. Kapitalintensive, hochautomatisierte Unternehmen zahlen jedoch unter Umständen weniger Sozialabgaben als arbeitsintensive Unternehmen, da „Maschinen" bekanntlich keine Gehälter beziehen. Dort setzt die Wertschöpfungsabgabe an - sie soll die Bemessungsgrundlage für Sozialversicherungsbeiträge auf weitere Komponenten der Wertschöpfung, wie z.B. der Abschreibung ausbreiten.[55]

Die allgemeine Formel für die Berechnung der Wertschöpfung lautet:

$$Wertschöpfung = Gesamtleistung - Vorleistung$$

Auch wenn es auf den ersten Blick so scheinen mag, ist die Wertschöpfungsabgabe keine zweite Mehrwertsteuer. Der Europäische Gerichtshof hat mit seinem Urteil zur italienische Wertschöpfungsabgabe „IRAP" (Imposta regionale sulle attività produttiva) entschieden, dass zumindest die IRAP Merkmale aufweist, die sie von einer Mehr- bzw. Umsatzsteuer unterscheidet. Das ist wichtig, denn eine Wertschöpfungsabgabe (oder generell jede neue nationale Steuer), die dem Charakter einer Umsatzsteuer gleicht, wäre nach dem europäischen Recht unzulässig. Die Wertschöpfungsabgabe unterscheidet sich demzufolge insbesondere in dem Punkt, dass sie nicht auf einzelne Lieferungen und Leistungen anfällt, sondern auf die Differenz zwischen den betrieblichen Erträgen und den betrieblichen Aufwendungen. Diese Differenz umfasst insbesondere „Bestandteile wie Veränderungen der Lagerbestände, Abschreibungen und Wertminderungen, die in keinem unmittelbaren Zusammenhang mit der Lieferung von Gegenständen oder Erbringung von Dienstleistungen an sich stehen." [56]

---

[52] Eigene Berechnungen, Quelle: Statistisches Bundesamt, 2018a.
[53] Eigene Berechnungen, Quelle: Statistisches Bundesamt, 2018b.
[54] Eigene Berechnungen, Quelle: Statistisches Bundesamt, 2017, S. 327.
[55] vgl. Guger/Marterbauer/Ewald, 2006, S. 534 f.
[56] Gerichtshof der Europäischen Union v. 3.10.2006, C-475/03, Randnummer 30.

Eine genaue Auflistung der Bestandteile der Bemessungsgrundlage der IRAP und damit einer beispielshaften Wertschöpfungsabgabe werden hier aus Platzgründen nicht vollumfassend aufgeführt, können jedoch in der Rechtssache C-475/03 des EuGHs unter der Randnummer 9 nachgelesen werden. Es ist jedoch zu bemerken, dass sich die Bemessungsgrundlage nicht Eins zu Eins mit der deutschen Gewinn- und Verlust Rechnung nach §275 HGB deckt.

Auch wenn die Wertschöpfungsabgabe, wie oben erwähnt, hauptsächlich in Bezug auf das Gesundheitswesen diskutiert wird, eignet sie sich theoretisch auch für die Finanzierung eines Grundeinkommens.

2.4.1.3 Besteuerung von Finanztransaktionen

Das Handelsvolumen an Finanzmärkten ist in den vergangenen Jahrzehnten stark angestiegen. Das liegt vor allem an der Geschwindigkeit und der damit verbundenen Häufigkeit von Transaktionen.

Dort setzt die Idee der Besteuerung von Finanztransaktionen, auch bekannt als Finanztransaktionssteuer, an. Sie sieht vor, alle elektronischen Finanztransaktionen von Finanzwerten wie z.B. Aktien, Derivaten oder Devisen mit einem einheitlichen, geringen Steuersatz zu belegen. In den meisten Ausführungen dieser Idee liegt der Steuersatz bei rund einem Prozent. Damit ist der Steuersatz so niedrig, dass er nur im spekulativen Hochfrequenzhandel tatsächlich spürbar wäre.[57]

Die fiskalischen Erträge einer solchen Steuer wären enorm. Eine Studie der WIFO schätzt, dass wenn durch die Einführung der Steuer die getätigten Finanztransaktionen nur geringfügig zurückgehen, ein europaweiter Steuersatz von nur 0,05% - auf oben genannte Finanzwerte - ausreichen würde, um Einnahmen in Höhe von 2 % des BIP der EU zu erwirtschaften. Das BIP der europäischen Union betrug 2016 16.408 Milliarden $, die Einnahmen würden sich also auf zirka 350 Milliarden $ belaufen.[58]

Würden die getätigten Finanztransaktionen stark zurückgehen, wären es immerhin Einnahmen in Höhe von knapp 0,8 % des BIP der EU.

---

[57] vgl. Schulmeister, 2011, S. 1 f.
[58] vgl. Statistisches Bundesamt, 2017, S. 666.

Die Steuer müsste allerdings nicht direkt europaweit erhoben werden, es würde ausreichen, die Steuer simultan in Großbritannien und Deutschland einzuführen, da dort 99 % des Derivatehandels sowie der Kassageschäfte stattfinden.[59]

Die Einführung einer europaweiten Finanztransaktionssteuer wird aktuell diskutiert, allerdings sind sich die Mitgliedsstaaten noch uneinig über die genaue Ausgestaltung einer solchen Steuer.[60]

---

[59] vgl. Schulmeister/Schratzenstaller/Picek, 2008, S. 52–54.
[60] vgl. Berschens/Greive, 2017.

3 Digitalisierung - bisherige Auswirkungen, Technologien und Ausblick

3.1 Bisherige Auswirkungen

Dieses Kapitel gibt einen Überblick über die historischen Auswirkungen technischen Fortschritts bis hin zur heutigen Tertiarisierung der Volkswirtschaft. Außerdem wird gezeigt, dass sich die Aktivitäten innerhalb beruflicher Tätigkeiten zunehmend „vergeistigen" und inwiefern sich dadurch die Digitalisierung von vergangenen industriellen/technischen Revolutionen unterscheidet.

3.1.1 Historische Entwicklungen durch den technologischen Fortschritt

Technische Entwicklungen hatten im Laufe der Menschheitsgeschichte schon immer einschneidende Auswirkungen. Doch die erste sprunghafteste Entwicklung fand während der ersten industriellen Revolution (Industrialisierung) in Großbritannien Mitte des 18. Jahrhunderts statt, als durch die Einführung des mechanischen Webstuhls sowie durch die Optimierung der Dampfmaschine, der Übergang zur industriellen Fertigung begann.[61,62]

Im gleichen Zeitraum wuchs die Bevölkerung rasant und es wurden durch landwirtschaftliche Entwicklungen wie Mäh- und Sämaschinen sowie Kunstdünger menschliche Arbeitskraft freigesetzt. Die Menschen wanderten zunehmend in die Städte ab, wo sie auf Grund des starken Wachstums des produzierenden Gewerbes wieder Arbeit finden konnten.[63]

Das Prinzip der Arbeitsteilung gilt als Beginn der zweiten industriellen Revolution.[64] Die Aufgaben gut ausgebildeter Arbeiter wurden in kleinere, vereinfachte Teilaufgaben aufgeteilt. Für diese Teilaufgaben bedurfte es keiner besonderen Fähigkeiten und sie konnten dadurch, bei gleichzeitiger Steigerung der Produktivität, statt von gut ausgebildeten Arbeitern von einer Vielzahl ungelernter Arbeiter ausgeführt werden.[65,66]

---

[61] vgl. Brynjolfsson/McAfee, 2016, S. 14 ff.

[62] vgl. Morris, 2011, S. 480.

[63] vgl. Buchheim, 1994, S. 47 f.

[64] vgl. Andelfinger/Hänisch, 2017, S. 39.

[65] vgl. Clark, 2007, S. 311–314.

[66] vgl. Clark, 2007, S. 233 f.

Der Bedarf von Arbeitskraft hat sich demzufolge in einen anderen Sektor, von der Landwirtschaft und der handwerklichen Einzelherstellung zur industriellen Produktion, verlagert. Außerdem ist der Bedarf an ausgebildeten Arbeitskräften gesunken, während der Bedarf an ungelernten Arbeitskräften gestiegen ist. [67]

Ebenfalls auf dem Prinzip der Aufteilung von umfangreichen Produktionsschritte in kleinere, vereinfachte Teilschritte basierte das von Henry Ford im Jahre 1913 eingeführte Fließband. Fließbänder waren zwar schon länger bekannt, Henry Ford allerdings mechanisierte und verfeinerte das Prinzip. Durch das Aufteilen der Arbeitsschritte für die Herstellung einer Magnetzündung in 29 kleinere Arbeitsschritte konnte Ford die Fertigungszeit von 20 Minuten auf 5 Minuten pro Stück reduzieren.[68]

Obwohl von der Fließbandfertigung und ähnlichen Prinzipien zunächst insbesondere ungelernte Arbeitskräfte profitierten, stieg mit der zunehmenden Nutzung von Elektrizität auch der Bedarf an ausgebildeten Arbeitskräften wieder an. Durch die zunehmende Automatisierung von Produktionsschritten durch elektrischen Strom war man auf Arbeitskräfte angewiesen, die die dazu notwendigen Maschinen entwerfen, installieren und warten konnten.[69,70]

Im Laufe des 19. Jahrhunderts konnte die Stahlindustrie ihre Preise senken und gleichzeitig die Ausbringungsmenge erhöhen, was zu einem rasanten Fortschritt im Ausbau des globalen Transportnetzes führte. Durch das weiterentwickelte Transportnetz konnten Anfang des 20. Jahrhunderts zunehmend internationale Märkte erschlossen werden.[71,72]

---

[67] vgl. Frey/Osborne, 2013, S. 13.
[68] vgl. Ford, 2008, S. 51.
[69] vgl. Goldin/Katz, 1996, S. 4–7.
[70] vgl. Braverman, 1998, S. 117 f.
[71] vgl. Braverman, 1998, S. 181 f.
[72] vgl. Clark, 2007, S. 305.

Die Einführung und Nutzung von Technologien wie dem Telegraphen, dem elektrischen Lochkartenstanzer oder der elektrischen Schreibmaschine Anfang bis Mitte des 20. Jahrhunderts verdoppelten in den USA, in Verbindung mit dem weiterentwickelten Transportnetz, zwischen 1900 und 1940 die Arbeitskräfte im Informationssektor. [73,74,75]

Um 1970 begann die dritte industrielle Revolution mit der Entwicklung der Mikroprozessoren (oder auch Mikrocomputer genannt). Computer wurden zwar schon seit den 1940er Jahren gebaut und genutzt, konnten jedoch aufgrund ihrer physikalischen Ausmaße und den enormen Kosten nur in separaten Räumen und nur von einer Handvoll Personen genutzt werden.

Die Entwicklung von Mikroprozessoren 1971 ermöglichten den Bau von kleineren Computern, die zu Hause oder am Arbeitsplatz genutzt werden konnten.[76,77]

Dadurch verbesserten sich die Möglichkeiten der Automatisierung und es wurden zunehmend Arbeitskräfte, die körperliche Routine Aufgaben ausgeführt haben, substituiert. Diese Arbeitskraft verlagerte sich zunehmend in den Dienstleistungssektor.[78]

Während der Rückgang der Arbeitsnachfrage im produzierenden Sektor hauptsächlich schlecht bis mittel ausgebildete Arbeitskräfte betroffen hat, stieg die Nachfrage nach hochqualifizierten Arbeitskräften im nicht produzierenden Sektor - hauptsächlich im Umfeld von Computern.[79,80]

Die seit diesem Zeitpunkt immerzu stärkere Digitalisierung analoger Daten, in Verbindung mit anderen Entwicklungen in der Informations- und Kommunikationstechnik, wie z.B. dem Internet und der stetigen Verdopplung der allgemeinen Rechnerleistung (Mooresches Gesetz) begründeten den Übergang vom analogen in das digitale Zeitalter.[81]

---

[73] vgl. Beniger, 1989, S. 395 f.

[74] vgl. Goldin/Katz, 1996, S. 13 ff.

[75] vgl. Beniger, 1989, S. 424 f.

[76] vgl. O'Regan, 2018, S. 59–70.

[77] vgl. Williams, 2017, S. 94 f.

[78] vgl. Autor/Dorn, 2013, S. 1589 ff.

[79] vgl. Dauth *u. a.*, 2017, S. 25-27, 39–42.

[80] vgl. Williams, 2017, S. 270–274.

[81] vgl. Lemke, 2015, S. 15–18.

Die durch die Digitalisierung ermöglichte Produktivitätssteigerung in der Industrie führte abermals zu einer Verschiebung der Arbeitskraft vom Industriesektor zum Dienstleistungssektor. So waren 1970 noch 46,5 % der Erwerbstätigen in Deutschland im produzierenden Gewerbe tätig. Im Jahr 2017 ist diese Zahl auf 24,1 % gesunken. Gleichzeitig ist der Anteil der Erwerbstätigen im Dienstleistungssektor um fast 29 % gestiegen.[82]

Es ist zu bemerken, dass sich die oben beschriebenen Entwicklungen insbesondere auf die Entwicklungen in Europa sowie Nordamerika beziehen.

3.1.2 Tertiarisierung der Volkswirtschaft

Der im vorherigen Kapitel beschriebene Vorgang zeigt deutlich einen sektoralen Strukturwandel. Ein sektoraler Strukturwandel ist dadurch gekennzeichnet, dass es innerhalb der Hauptsektoren einer Volkswirtschaft (primärer-, sekundärer-, und tertiärer Sektor) zu Verschiebungen in der Arbeitsstruktur und in der gesamtwirtschaftlichen Nachfrage kommt.[83] Die nachfolgende Grafik zeigt den sektoralen Strukturwandel in Deutschland anschaulich:

---

[82] vgl. Statistisches Bundesamt, 2018c.
[83] vgl. Eckstein/Weitz, 2015, S. 102.

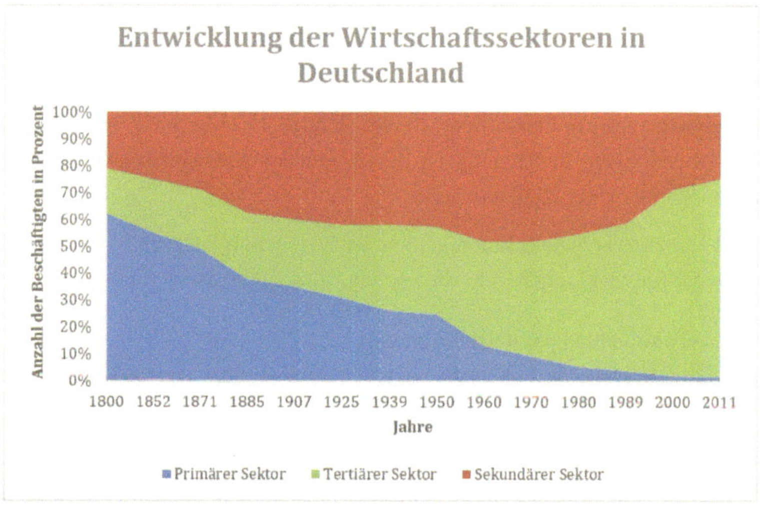

Abbildung 3: Entwicklung der Wirtschaftssektoren

Quelle: Eigene Darstellung, in Anlehnung an Geißler, 2014, S. 11 [84]

Gleichzeitig findet auch ein intrasektoraler Strukturwandel, also ein Wandel innerhalb eines Sektors, statt. So wurden früher hauptsächlich Dienstleistungen an private Haushalte nachgefragt. Heute ist jedoch dadurch, dass zahlreiche Dienstleistungen als Vorleistungen für Produktionsprozesse dienen, die Nachfrage nach Dienstleistungen an Unternehmen höher.[85]

Die Wirtschaftssektoren umfassen nach der Drei-Sektoren-Hypothese von Fisher, Fourastié und Clark folgende Bereiche:

Der primäre Sektor umfasst die Land- und Forstwirtschaft sowie Fischerei und die Viehzucht - also die Urproduktion. Der sekundäre Sektor umfasst die Industrie und das Handwerk. Der tertiäre Sektor umfasst Dienstleistungen, Handel und das Versicherungs-, Bank-, sowie Transportwesen.[86]

---

[84] Daten zusammengetragen und teilweise berechnet von Geißler, 2014, S. 11. Originalquellen: Fischer/Krengel/Wietog, 1982, S. 52 f., Hohorst/Kocka/Ritter, 1978, S. 66–68, Petrina/Abelshauser/Faust, 1978, S. 54, Statistisches Bundesamt, 1962, S. 142, Statistisches Bundesamt, 1976, S. 149, Statistisches Bundesamt, 1990, S. 20, Statistisches Bundesamt, 2012, S. 349.

[85] vgl. Stampfl, 2011, S. 13–16.

[86] vgl. Clark, 1940, S. 182.

Neben vielen anderen, teilweise oben beschriebenen, Verbundeffekten ist der Grund für sektorale Strukturwandel aus makroökonomischer Sicht insbesondere das durch den technologischen Fortschritt steigende volkswirtschaftliche Realeinkommen. Ein steigendes Realeinkommen war in diesem Zusammenhang einerseits das Ergebnis der Verschiebung von Arbeitskraft in andere, besserbezahlte Wirtschaftsbereiche (z.B. vom primären Sektor in den sekundären) oder aber sinkende Güterpreise durch eine gesteigerte Produktivität in manchen Wirtschaftszweigen (z.B. durch das Fließband, das von Ford eingeführt wurde).[87] Das veränderte Realeinkommen nimmt dann Einfluss auf die volkswirtschaftliche Gesamtnachfrage.

In Zeiten, in denen der Großteil der Erwerbstätigen in der Landwirtschaft gearbeitet haben (primärer Sektor), war das Einkommen relativ gering und dementsprechend die Einkommenselastizität für lebensnotwendige Güter wie Verpflegung und Kleidung sehr hoch, da der Bedarf nach diesen Gütern noch nicht gedeckt war.[88]

Mit steigendem Einkommen jedoch sinkt die Einkommenselastizität für lebensnotwendige Güter und es können Sättigungseffekte festgestellt werden. Dadurch kann sich die Nachfrage differenzierter verhalten und verlagert sich auf Produkte des sekundären Sektors. Durch den weiteren technologischen Fortschritt und durch die mit der gestiegenen Nachfrage einhergehende Verlagerung von Arbeitskraft in den sekundären Sektor, treten auch dort zunehmend Sättigungseffekte auf und die Einkommenselastizität für diese Güter sinkt. Dadurch richtet sich die Nachfrage zunehmend auf die Produkte und Dienstleistungen innerhalb des tertiären Sektors.[89] Dieser zuletzt benannte Übergang, vom sekundären in den tertiären Sektor findet also, wie auch der oben gezeigte Graph belegt, gerade statt.

Die Drei-Sektoren-Hypothese äußert die vorsichtige Vermutung, dass im tertiären Sektor die Produktivität nicht so stark gesteigert werden kann wie im primären und sekundären Sektor. In Verbindung mit der steigenden Nachfrage nach Dienstleistungen des tertiären Sektors soll dadurch eine sehr hohe Anzahl der aus dem

---

[87] vgl. Clark, 1940, S. 344.

[88] Die Einkommenselastizität gibt an, um welchen prozentualen Betrag sich die Nachfrage nach einem bestimmten Gut ändert, wenn sich das Einkommen um 1% verändert. Eine Einkommenselastizität von 1 zeigt, dass die Nachfrage nach einem Gut um 1% steigern/senken würde, würde das Einkommen auch um 1% steigen/sinken.

[89] vgl. Pierenkemper, 2005, S. 127 f.

primären und sekundären Sektor verlagerten Arbeitskraft „absorbiert" werden können.[90]

Diese Annahme wird insbesondere auf der Grundlage getroffen, dass Tätigkeiten des tertiären Sektors nicht so „einfach" automatisiert werden können, wie es z.B. beim sekundären Sektor (Massenproduktion) der Fall ist. Grund hierfür ist, dass diese Tätigkeiten größtenteils Denkarbeiten (z.B. analytische Fähigkeiten oder soziale Kompetenzen) und weniger körperliche Arbeit einschließen und diese Form von Arbeit eine klassische „Menschendomäne" ist. Jean Fourastié spricht im Hinblick auf den wachsenden tertiären Sektor auch von einer „Vergeistigung der Arbeit".[91]

3.1.3 Vergeistigung der Arbeit

Das tatsächlich, wie von Fourastié bemerkt, eine „Vergeistigung" der Arbeit stattfindet, zeigen David Autor und Brendan Price in ihrer Studie bezüglich der Tätigkeitszusammensetzung am U.S. Arbeitsmarkt.

Dieser sogenannte „Task-Based-Approach" von Autor et al. und für Deutschland eingeführt von Spitz-Oener untersucht die Aufgaben (im nachfolgenden als Task bezeichnet), die innerhalb einer Tätigkeit ausgeführt werden.

Im Task-Based-Approach werden die Tasks innerhalb von Tätigkeiten in fünf Kategorien eingeteilt. Die folgende Tabelle zeigt diese Kategorien und ordnet ihnen entsprechende Aktivitäten zu:

Tasks	Aktivitäten
Analytische Nicht-Routine Tasks	Forschen, analysieren, evaluieren und planen, konstruieren, designen, planen, Vorschriften/Regeln ausarbeiten, Regeln anwenden und interpretieren
Interaktive Nicht-Routine Tasks	Verhandeln, koordinieren, organisieren, lehren, verkaufen, einkaufen, werben, unterhalten, präsentieren
Kognitive Routine Tasks	Kalkulieren, Buchhaltung, Texte/Daten korrigieren, Messen von physikalischen Größen (Temperatur, Länge, Höhen etc.)

---

90 vgl. Clark, 1940, S. 320.
91 Fourastié, 1949, S. 276.

Tasks	Aktivitäten
Manuelle Routine Tasks	Bedienen, Kontrollieren und Bestücken von Maschinen
Manuelle Nicht-Routine Tasks	Reparaturarbeiten an Häusern, Fahrzeugen etc., Gäste bedienen und unterbringen, Führen von Fahrzeugen

Tabelle 1: Zuordnung von Aktivitäten zu Tasks

Quelle: Spitz-Oener, 2006, S. 243 und Autor/Levy/Murnane, 2003, S. 1286

Mit analytischen Tasks sind demzufolge Aufgaben gemeint, in denen die Aktivität des aktiven Denkens (des „Überlegens") und des Analysierens verstärkt notwendig ist. Interaktive Tasks schließen vor allem die Aktivitäten im Bereich der Interaktion mit anderen Personen ein. Genauer sind berufliche Aktivitäten gemeint, die der bewussten Wahrnehmung und des Eingehens auf den Interaktionspartner bedürfen.

Die manuellen Tasks schließen vor allem körperliche Arbeiten ein. Kognitive Routine Tasks bestehen vor allem aus sich immer wiederholenden, größtenteils gleichbleibenden Vorgängen, die kognitiver Natur sind.

Eine einzelne Tätigkeit kann dabei selbstverständlich mehrere unterschiedliche Aktivitäten beinhalten.

Mit Hilfe des Dictionary of Occupational Titles (später Occupational Information Network/O*NET), einer amerikanischen Onlinedatenbank mit hunderten Tätigkeitsbeschreibung und entsprechenden Filtermöglichkeiten, konnten Autor et al. untersuchen, inwiefern sich die Tätigkeitszusammensetzung auf dem amerikanischen Arbeitsmarkt in Bezug auf oben genannte Kategorien zwischen 1960 und 2009 geändert hat. Als Basisjahr wurde 1960 festgelegt.

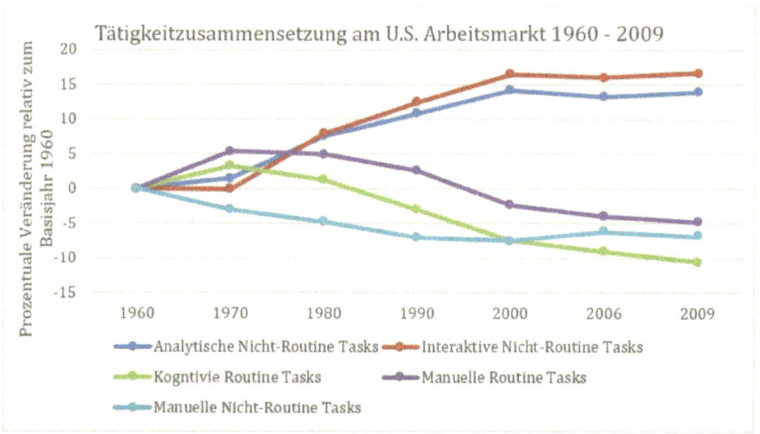

Abbildung 4: Tätigkeitszusammensetzung am U.S. Arbeitsmarkt 1960 - 2009

Eigene Darstellung in Anlehnung an Autor/Price, 2013, S. 5

Ausgehend von 1960 lässt sich der Grafik entnehmen, dass sich die Tätigkeitszusammensetzung am U.S. Arbeitsmarkt wie folgt geändert hat:

Die analytischen Nicht-Routine Tasks sowie die interaktiven Nicht-Routine Tasks sind relativ zum Basisjahr angestiegen. Gleichzeitig ist der Anteil der anderen Tasks seit dem Basisjahr gesunken, wobei die manuellen Nicht-Routine Tasks in dem Zeitraum von 2000 bis 2009 erst leicht gestiegen sind und seitdem wieder sinken.

Der kontinuierliche Rückgang von kognitiven Routine Tasks sowie manuellen Routine Tasks lässt sich insbesondere auf die zunehmende Automatisierung dieser Tasks zurückführen.[92]

3.1.4 Zwischenfazit

In diesem Kapitel wurden die historischen Entwicklungen bis hin zum heutigen Übergang zum tertiären Sektor gezeigt. Dabei ist wichtig hervorzuheben, dass bei dem Wandel vom primären zum sekundären Sektor, die im primären Sektor freigewordenen Arbeitskräfte von der gesteigerten Nachfrage und neuen Tätigkeiten im sekundären Sektor absorbiert werden konnten. Der Wandel zum tertiären Sektor vollzieht sich gerade.

---

[92] vgl. Spitz-Oener, 2006, S. 253.

Im primären und sekundären Sektor stellen sich verstärkt Sättigungseffekte ein, weswegen die Nachfrage sich zunehmend auf die Produkte des tertiären Sektors richtet.

Die Drei-Sektoren-Hypothese äußert die Vermutung, dass im tertiären Sektor die Produktivität nicht so stark wie in den restlichen Sektoren gesteigert werden kann, da er verstärkt Tätigkeiten enthält, die größtenteils Denkarbeiten einschließen. In Verbindung mit der steigenden Nachfrage nach Dienstleistungen soll der tertiäre Sektor eine sehr hohe Anzahl der sich aus dem primären und sekundären Sektor verlagernde Arbeitskräfte absorbieren können.

Dass die Zusammensetzung von Tätigkeiten tatsächlich verstärkt auf Denkarbeit basiert, zeigt der Task-Based-Approach. Das liegt insbesondere an der zunehmenden Automatisierung von Routine Aufgaben.

Der Übergang zu einer Dienstleistungsgesellschaft deren Tätigkeiten bzw. Tasks zunehmend auf Aktivitäten basieren, die von „Maschinen" noch nicht angemessen ausgeführt werden können, findet also gerade statt.

Es ist jedoch längst kein Geheimnis mehr, dass es inzwischen nicht mehr „nur um die Automatisierung manueller Arbeit, sondern vor allem darum [geht], dass Maschinen den Menschen .. Denkarbeiten abnehmen".[93]

Der Unterschied der Digitalisierung zu vergangenen industriellen Revolutionen besteht demzufolge darin, dass sie erstmals in ein Terrain vordringt, das in der Vergangenheit immer dem Menschen vorbehalten war - der Denkarbeit.

Um Technologien, die das in Zukunft bewerkstelligen könnten, soll es im nächsten Kapitel gehen.

---

[93] Eberl, 2016, S. 237.

3.2 Technologien

3.2.1 Automatisierung von Routine Tasks

Da Routine Tasks im Vergleich zu den Nicht-Routine Tasks schon in der Vergangenheit leichter zu automatisieren waren, wird in dieser Arbeit der Fokus auf die Nicht-Routine Tasks gesetzt.

Es sei jedoch gesagt, dass in der Zukunft durch den vermehrten Einsatz „alter" und neuer Technologien das Substituierungspotenzial für Routine Tasks weiter ansteigt.

Die International Federation of Robotics (IFR) prognostiziert z.B., dass zwischen 2017 und 2020 zirka 1,7 Millionen neue Industrieroboter installiert werden. Das entspricht einem jährlichen Wachstum von 15 % für Amerika/Asien/Australien und 11 % für Europa zwischen 2018 und 2020.[94]

Außerdem finden zunehmend neue Fertigungsmethoden wie die adaptive Fertigung in industrielle Umfelder Einzug.

Unter der additiven Fertigung wird gemeinhin auch der 3D-Druck verstanden. Die additive Fertigung ist ein Verfahren, in dem ein dreidimensionales Objekt Schicht für Schicht mit Hilfe verschiedener Schmelz- und Härtungsverfahren aufgebaut wird. Im Gegensatz zu subtraktiven oder formativen Verfahren entfallen dadurch Schritte wie z.B. das mechanische Abtragen von Material (Fräsen, Drehen, Bohren) oder der Notwendigkeit formgebender Werkzeuge (Gießen, Schmieden etc.). Die Fertigung erfolgt auf Basis eines vorher erstellten digitalen CAD-Modells. Während in den Anfängen der additiven Fertigung 1986 vor allem Polymere (Bestandteile von Kunststoff) verarbeitet wurden, werden heute auch Metalle und Keramik genutzt. In Verbindung mit der Nutzung von oben genannter Materialen ergibt sich eine breite Anwendungspalette - zunehmend auch in der industriellen Fertigung.[95],[96]

Durch die Anwendung additiver Fertigungsmethoden könnten in Zukunft insbesondere komplexe Spezialanfertigungen wie z.B. Hörgeräte, Implantate aber auch Serienproduktionen von Automobilteilen automatisiert werden. Sogar in dem

---

[94] vgl. International Federation of Robotics, 2017, S. 22.

[95] vgl. Neugebauer, 2018, S. 153 ff.

[96] vgl. Gebhardt, 2016, S. 2-8, 24.

sehr arbeitsintensiven Bauwesen könnten additive Fertigungsverfahren eingesetzt werden.[97] Durch stetige Verbesserungen wie neue Werkstoffe, eine erhöhte Druckgeschwindigkeit und Qualität sowie sinkenden Kosten ist eine steigende Anwendung solcher Technologien in immer größerem Umfang denkbar.[98]

Das steigende Substituierungspotenzial durch die unter anderem hier aufgeführten Technologien führt dementsprechend zu einer Abnahme der Routine Tasks, wie auch der Graph im letzten Kapitel aufzeigt.

3.2.2 Automatisierung von Nicht-Routine Tasks

Die größte Rolle in dem „automatisieren" von Nicht-Routinemäßigen Tasks wird die künstliche Intelligenz - auch in Verbindung mit der Robotik - spielen.

Dies soll nachfolgend an einigen Beispielen gezeigt werden:

Wie bereits erwähnt, ist insbesondere der Teilbereich des maschinellen Lernens für die Automatisierung der Nicht-Routine Tasks relevant. Durch maschinelles Lernen wurden die Spracherkennung, das Textverstehen oder die maschinelle Bildanalyse ermöglicht. Die Leistungsfähigkeit dieser Systeme kommt derer des menschlichen Gehirns, je nach Teilbereich, schon sehr nahe oder übersteigt diese sogar.[99]

Ein Durchbruch im Bereich der Mensch-Computer-Kommunikation gelang Google mit „Google Duplex". Google Duplex wurde im Mai 2018 auf der Google I/O, einer Entwicklerkonferenz, vorgestellt. Computer waren bisher zwar durchaus in der Lage zu „sprechen" (z.B. in Navigationssystemen), jedoch war leicht zu hören, dass es sich um eine elektronisch generierte Stimme handelte. Google Duplex konnte nun mit Hilfe eines „Deep Neural Network" (ein Bereich des maschinellen Lernens) eine natürlich klingende elektronische Sprachausgabe erzeugen - dazu nutzt das System auch menschliche Füllwörter wie z.B. „hmm". Des Weiteren ist Google Duplex in der Lage eine direkte und interaktive Kommunikation mit Menschen zu führen. So wurde z.B. vorgeführt wie Google Duplex einen Friseurtermin telefonisch vereinbart hat. Dabei konnte das System verstehen, dass die gewünschte Uhrzeit nicht verfügbar war und auf die Gegenfrage, ob auch ein späte-

---

[97] vgl. Sun, 2015.

[98] vgl. Feldmann/Gorj, 2017, S. 24 f.

[99] vgl. Neugebauer, 2018, S. 240 f.

rer Zeitpunkt möglich ist, antworten. Es wurde zwar betont, dass Google Duplex bis jetzt auf bestimmte Situationen, wie z.B. der Terminvereinbarung, beschränkt ist, jedoch kann das System schon heute zeigen, was in Zukunft alles möglich sein könnte.[100]

Auch im Gesundheitswesen wird künstliche Intelligenz bereits eingesetzt. Durch die maschinelle Bildanalyse ist es z.B. gelungen, maschinell Gewebeproben auf Krebsbefall zu analysieren und je nach Patient eine individualisierte Therapie mit möglichst geringen Nebenwirkungen zu erstellen.[101] Neben der eigentlichen Diagnose gelang es der KI außerdem, drei bisher unbekannte Prognosefaktoren für die Überlebensrate bei Brustkrebs zu erkennen.[102]

Auch in Bereichen wie dem Journalismus oder dem Rechtswesen wird bereits künstliche Intelligenz eingesetzt. Künstliche Intelligenz kann innerhalb von Minuten nach einem Ereignis einen Bericht fertigstellen und publizieren. Diese Schreibprogramme können dabei sogar an den Stil eines ausgewählten Verfassers angepasst werden.

Im juristischen Bereich findet künstliche Intelligenz unter dem Stichwort „Legal Tech" Einzug. Legal Tech wird momentan insbesondere für die Sichtung, Erstellung und die Analyse juristischer Dokumente eingesetzt.[103]

Künstliche Intelligenz kann außerdem im Finanzwesen, dem Controlling, der Steuerberatung oder dem Rechnungswesen eingesetzt werden. Schon heute wird intelligente Software genutzt um Quartalsberichte zu erstellen oder um Unternehmensanalysen durchzuführen.[104] Sogenannte „Robo-Advisor" werden verstärkt in der Vermögensverwaltung eingesetzt. In den USA werden deshalb in dem eben genannten Bereich inzwischen sogar mehr Softwarespezialisten für künstliche Intelligenz angestellt, als klassische Fondsmanager.[105]

Die genannten Beispiele sollen nicht zeigen, dass ausgerechnet Tätigkeiten von Journalisten, Juristen oder Finanzdienstleister substituiert werden können, son-

---

[100] vgl. Matias/Leviathan, 2018.

[101] vgl. Jaekel, 2017, S. 219 f.

[102] vgl. Brynjolfsson/McAfee, 2016, S. 115 f.

[103] vgl. Wagner, 2018, S. 2–5.

[104] vgl. Mainzer, 2016, S. 74–79.

[105] vgl. Eberl, 2016, S. 272 f.

dern dass intelligente Maschinen durchaus in der Lage sein können, analytische und interaktive Nicht-Routine Tasks zu leisten.

Von den Fortschritten in der künstlichen Intelligenz profitiert auch das eng verwobene Themengebiet der Robotik. Durch klassische Industrieroboter wurden in der Vergangenheit schon viele der manuellen Routine Tasks substituiert. Die technischen Entwicklungen erlauben Roboter aber zunehmend die isolierten Schutzräume innerhalb der Fabrikhallen zu verlassen. Im Gegensatz zu Industrieroboter sollen die sogenannten mobilen Roboter in der Lage sein, je nach Umgebung, ihre Umwelt wahrzunehmen und sich in ihr zu bewegen und mit ihr zu interagieren. Solche mobilen Roboter findet man schon heute in Form von sogenannten AGVs (autonomous guided vehicle) in vielen Produktionsstätten, wo sie sich autonom durch die Fabrik bewegen können.[106] Was mobile Roboter in Zukunft auch außerhalb von Fabriken leisten könnten zeigt das amerikanische Robotik-Unternehmen Boston Dynamics. Passend zu ihrem Slogan „Changing your idea of what robots can do" entwickeln sie Roboter, die auf zwei oder vier Beinen auf verschiedensten Untergründen laufen, Dinge greifen, Türen öffnen und selbstständig die Balance halten können.[107]

Auch das autonome Fahren wird der Robotik zugeordnet. Fast alle Autobauer und viele Technologieunternehmen forschen mit Hochdruck an selbstfahrenden Fahrzeugen und viele Länder beteiligen sich bereits an Pilotprojekten.

Durch das Verbinden künstlicher Intelligenz mit der Robotik könnten in Zukunft dementsprechend auch die Tätigkeiten manueller Nicht-Routine Tasks automatisiert werden.

3.3 Ausblick: Substituierbarkeitspotenziale von Berufen

In den folgenden Kapiteln sollen mehrere Studien zu den Substituierbarkeitspotenzialen von Berufen vorgestellt, interpretiert und verglichen werden.

3.3.1 Studien

Die wohl bekannteste Studie zu den Substituierbarkeitspotenzialen von Berufen ist „The Future of Employment" von Frey/Osborne aus dem Jahr 2013. Dabei

---

[106] vgl. Siegwart/Nourbakhsh/Scaramuzza, 2011, S. 2–8.
[107] vgl. Boston Dynamics, 2018.

werden insbesondere die Auswirkungen auf dem amerikanischen Arbeitsmarkt innerhalb der nächsten Jahrzehnte untersucht. Aufbauend auf dem oben vorgestellten Task-Based-Approach wird in der Studie davon ausgegangen, dass jeder Task automatisiert werden kann, sofern er nicht Aktivitäten enthält, die ein oder mehrere der von Frey und Osborne identifizierten technischen Hindernisse enthält.[108] Basierend auf Literatur und Expertengesprächen wurden von Frey und Osborne folgende technische Hindernisse identifiziert:

- Aufgaben, die Wahrnehmungs- und Manipulationsaktivitäten beinhalten. Grund hierfür ist, dass Roboter in unstrukturierten Umgebungen Probleme haben ihre Umwelt korrekt wahrzunehmen und mit ihr zu interagieren.

- Aufgaben, die verstärkt die kreative Intelligenz fordern. Unter kreativer Intelligenz verstehen die Autoren die Fähigkeit neue Ideen zu entwickeln und umzusetzen. Dazu zählen sie Gedichte, Musikstücke, wissenschaftliche Theorien oder auch Objekte wie Gemälde oder Maschinen. Zwar ist künstliche Intelligenz bereits in der Lage Ideen zu entwickeln, die auf kreativer Intelligenz beruhen, allerdings ist das menschliche Empfinden, was kreativ ist und was nicht sehr subjektiv und unterscheidet sich je nach Person. Dadurch würde eine zufriedenstellende Automatisierung solcher Aufgaben von mehr abhängen, als nur von ihrer technischen Machbarkeit.

- Aufgaben, die verstärkt die soziale Intelligenz fordern. Die Einflüsse auf z.B. zwischenmenschliche Interaktionen und Emotionen sind noch nicht hinreichend erforscht, sodass nicht vollständig klar ist, welche Funktionen im menschlichen Gehirn für die soziale Intelligenz verantwortlich sind. Eine Automatisierung solcher Aufgaben hängt also von der weiteren Erforschung des Gehirns ab.[109]

Als Datenbasis für Tätigkeitsbeschreibungen nutzten die Autoren das oben schon einmal erwähnte O*NET (amerikanische Onlinedatenbank mit hunderten Tätigkeitsbeschreibung).

Mit Hilfe eines Algorithmus wurden 702 Tätigkeitsbeschreibungen auf die oben beschriebenen technischen Hindernisse untersucht und nach Automatisierungs-

---

[108] Der Begriff „Technische Hindernisse" wurde vom Autor frei übersetzt. Originale Bezeichnung: „Engineering Bottlenecks".
[109] vgl. Frey/Osborne, 2013, S. 25 ff.

wahrscheinlichkeit klassifiziert. Die Genauigkeit des Algorithmus wurde vorher durch Experten untersucht, die manuell 10 % des Datensatzes klassifizierten und anschließend ihre Ergebnisse mit dem des Algorithmus verglichen.

Frey und Osborne kommen auf das Ergebnis, dass 47 % der Beschäftigten in den USA in Berufen tätig sind, die in den nächsten Jahrzehnten mit einer Wahrscheinlichkeit von über 70 % automatisiert werden.[110]

Die Studie von Bonin/Gregory/Zierahn überträgt die Studie von Frey und Osborne auf Deutschland. Da es zwischen Deutschland und den USA Unterschiede in den zugrundeliegenden Datenbasen gibt (die O*NET führt weniger Berufe auf als das Deutsche Pendant was dazu führt, dass mehrere deutsche Tätigkeiten einer amerikanischen Tätigkeit zugeordnet werden müssten), überträgt die Studie zunächst mit Hilfe von Korrespondenztabellen die amerikanische Tätigkeiten in deutsche Tätigkeiten. Mit dem gleichen Ansatz, der auch von Frey und Osborne gewählt wurde, kommen Bonin et al. auf das Ergebnis, dass 42 % der deutschen Beschäftigten in Berufen tätig sind, die in den nächsten Jahrzehnten mit einer Wahrscheinlichkeit von über 70 % automatisiert werden.[111]

Bonin et al. nutzen jedoch einen weiteren Ansatz zur Berechnung der Automatisierungswahrscheinlichkeit von Berufen. Dabei gehen sie davon aus, dass nicht alle Beschäftigten derselben Berufsgruppe auch ähnliche Tätigkeiten ausüben. Stattdessen untersuchten sie mit Hilfe des PIAAC („Programme for the International Assessment of Adult Competencies") Datensatzes Tätigkeiten auf analytische und interaktive Aktivitäten, da diese laut der eben genannten Studie, schwer zu automatisieren seien. Da es sich um Einzelbefragungen der Beschäftigten handelt, wurden dementsprechend mehrere voneinander unabhängige Daten je Tätigkeit erhoben. Bonin et al. kommen auf das Ergebnis, dass 12 % der deutschen Beschäftigten in Berufen tätig sind, die - ohne zeitliche Angabe - eine Automatisierungswahrscheinlichkeit von über 70 % haben.[112]

Außerdem ergeben sich laut der Studie von Bonin et al. häufiger mittlere Automatisierungswahrscheinlichkeiten. Das begründen sie damit, dass Frey und Osborne das technische Potenzial überschätzen und deshalb viele laut Frey und Osborne

---

[110] vgl. Frey/Osborne, 2013, S. 38.
[111] vgl. Bonin/Gregory/Zierahn, 2015, S. 10.
[112] vgl. Bonin/Gregory/Zierahn, 2015, S. 20.

nach hoher Wahrscheinlichkeit automatisierbaren Tätigkeiten in die Kategorie der mit mittlerer Wahrscheinlichkeit automatisierbaren Tätigkeiten fallen.[113]

Weitere Studien über die Substituierungspotenziale der Beschäftigten des deutschen Arbeitsmarktes:

- Burk/Brzeski kommen auf Basis der Studie von Frey und Osborne auf das Ergebnis, dass 59 % der deutschen Beschäftigten in Berufen tätig sind, die ein hohes Substituierungspotential haben.[114]
- Degryse kommt, ebenfalls auf Basis der Studie von Frey und Osborne auf das Ergebnis, dass 51,12 % der deutschen Beschäftigten in Berufen tätig sind, die ein hohes Substituierungspotential haben.[115]

3.3.2 Interpretation und Vergleichbarkeit

In vier der fünf oben aufgeführten Studien wird das Substituierungspotential für deutsche Beschäftigte auf zirka 50 % geschätzt wird.[116] Die Abweichungen dieser Studien sind unter anderem durch Unterschiede in der Übertragung der amerikanischen Berufsklassifizierung in die deutsche Berufsklassifizierung zu erklären. Der zweite Ansatz von Bonin et al. bewegt sich jedoch deutlich unter den Werten der anderen Studien. Das ist dadurch zu erklären, dass der von ihnen gewählte Ansatz sich erstens von den der anderen Studien fundamental unterscheidet und zweitens auf der Aussage basiert, Frey und Osborne hätten sich mit den technischen Potenzialen verschätzt.

Frey und Osborne argumentieren, dass insbesondere die Aktivitäten, die Bonin et al. als schwer automatisierbar einschätzen, durch den raschen technologischen Fortschritt - z.B. in der künstlichen Intelligenz - in Zukunft besser automatisierbar sein werden.

Frey und Osborne halten dabei nicht eine komplette Tätigkeit für schwer automatisierbar, sondern, wie oben erwähnt, nur bestimmte Bestandteile selbiger. Z.B. erfordert der Beruf des/der Kassierer/In oder der von Schalterangestellten zwar interaktive Aktivitäten, jedoch nicht unbedingt - mit interaktiven Aktivitäten oft

---

[113] vgl. Bonin/Gregory/Zierahn, 2015, S. 24 f.

[114] vgl. Burk/Brzeski, 2015, S. 2.

[115] vgl. Degryse, 2016, S. 24.

[116] Da die Studie von Bonin et al. zwei Ansätze enthält, wird sie als extra Studie gezählt.

einhergehend - ein hohes Maß an sozialer Intelligenz.[117] Bonin et al. würden auf Grund dieser interaktiven Aktivitäten diese Berufe dementsprechend weniger Substituierungspotenzial zusprechen, als es Frey und Osborne tun.

Da Bonin et al. in ihrer Studie keine Angabe zu dem von ihnen ausgegangenen Zeitraum machen, ist zudem unklar, ob sich ihr Ergebnis nicht eventuell auf einen näheren Zeitpunkt bezieht, als das von Frey und Osborne.

Es ist außerdem zu bemerken, dass sich die Studien lediglich auf die technischen Substituierungspotentiale beziehen, was nicht unbedingt auf die Entwicklung der Gesamtbeschäftigung schließen lässt. Um Aussagen über die Auswirkungen auf die Gesamtbeschäftigung machen zu können, müssten die Wirtschaftlichkeit der technischen Mittel, der Anpassungsvorgang der Berufe und makroökonomische Wechselwirkungen und Rückkopplungen untersucht werden.

---

[117] vgl. Frey/Osborne, 2013, S. 37 f.

4 Die makroökonomischen Auswirkungen der Digitalisierung

Im Folgenden werden deshalb die (möglichen) makroökonomischen Wechselwirkungen und Rückkopplungen durch technischen Fortschritt bzw. der Digitalisierung untersucht.

Zuerst wird mit Hilfe des Eingangs vorgestellten Modells die kurze Sicht untersucht. Anschließend wird die Kompensationstheorie für die mittlere und lange Sicht kritisch hinterfragt.

4.1 Kurze Sicht

Um Freisetzungseffekte in der kurzen Sicht darzustellen wird der technische Fortschritt T auf T' erhöht. Dies führt zu einer Verschiebung der Produktionsfunktion, die – die Ausführungen in 2.3.1 aufgreifen - wie folgt dargestellt werden kann:

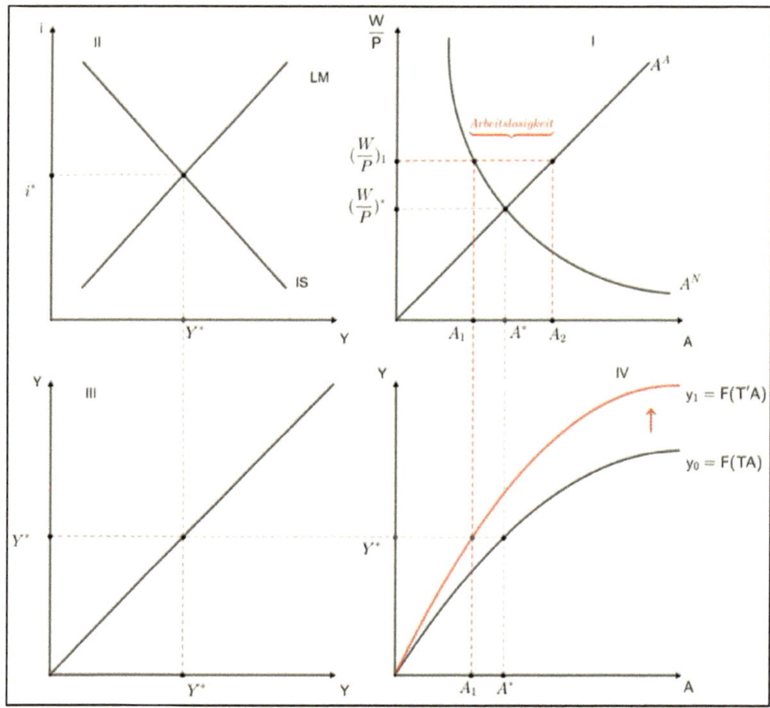

Abbildung 5: Arbeitslosigkeit im modifizierten keynesianischen Gesamtmodell

Erläuterungen siehe Text

Die Produktionsfunktion y_0 verschiebt sich in Folge der Erhöhung von T nach y_1. Die für die gleichgewichtige Produktionsmenge benötigte Arbeit A sinkt in Folge dessen auf A_1 ab (4. Quadrant).

Wie im ersten Quadranten dargestellt, führt die Veränderung der Produktionsfunktion zu einer geringeren Arbeitsnachfrage und damit zu einer Verschiebung auf der AN Kurve von A^* zu A_1 bzw. von $\left(\frac{W}{P}\right)^*$ zu $\left(\frac{W}{P}\right)_1$. Auf dem Reallohnniveau $\left(\frac{W}{P}\right)_1$ kommt es zu einem Arbeitsangebotsüberschuss wodurch eine unfreiwillige Arbeitslosigkeit zwischen A_2 und A_1 entsteht.[118]

Ausgehend von diesem Ungleichgewicht, so die Kompensationstheorie, würden auf mittlere bis lange Sicht durch die Kompensationseffekte ein neuer gleichgewichtiger Zustand entstehen.

4.2 Die Kompensationstheorie in der Digitalisierung

Während also gezeigt werden konnte, dass in der kurzen Sicht sogenannte Freisetzungseffekte zu erhöhter Arbeitslosigkeit führen können, gehen viele Ökonomen davon aus, dass eine Volkswirtschaft durch die folgenden Kompensationseffekte in der mittleren bis langen Sicht immer wieder zu einem gleichgewichtigen Zustand zurückfindet.

Die Überlegung, dass Technologie ab einem gewissen Punkt menschliche Arbeitskraft zunehmend redundant werden lässt ist jedoch nicht neu. David Ricardo warf diesen Gedanken erstmals auf.[119] Karl Marx schloss sich in seinem Werk „Kapital" dieser Ansicht an.[120]

Im Jahr 1930 schrieb auch John M. Keynes, dass die technologische Arbeitslosigkeit eine Entwicklung sei, derer sich heute zwar noch nicht viele bewusst sind, sie jedoch in absehbarer Zeit zu einem großen Thema werden wird.[121]

---

[118] Wie in den Grundlagen bereits erwähnt, wurde die natürliche Arbeitslosenquote konstant gesetzt und wird im Modell nicht dargestellt. Oben gezeigte Arbeitslosigkeit soll also nicht die natürliche Arbeitslosenquote zeigen. (Auch, wenn diese Form der Arbeitslosigkeit ab einem gewissen Punkt in der Zukunft zur natürlichen Arbeitslosenquote zählen könnte).

[119] vgl. Ricardo/Sraffa, 2004, S. 395.

[120] vgl. u.a. Marx, 1962, S. 430.

[121] vgl. Keynes, 1930, S. 325 f.

Im Folgenden soll die Kompensationstheorie dementsprechend in Bezug auf die Digitalisierung hinterfragt werden.

4.2.1 Kompensation durch neue „Maschinen":

Auch bekannt als das „Maschinenherstellungsargument" widerlegte schon Karl Marx die von Jean-Baptiste Say (als Teil des sayschen Theorems) aufgestellte These, dass der Kompensationseffekt der erhöhten Arbeitsnachfrage durch die Herstellung neuer Maschinen, die Freisetzungseffekte selbiger übertrifft. Er argumentierte, dass die erhöhte Arbeitsnachfrage stets kleiner als die freigesetzte sei. Das ergibt sich daraus, dass die zu produzierende Maschine sonst genauso teuer oder sogar teurer wäre als die, die für die Freisetzung von Arbeitskraft verantwortlich ist.[122]

Es ergibt sich also eine Endlosschleife zwischen der Freisetzung von Arbeitskräften durch „Maschinen" und der Kompensation durch die erhöhte Arbeitsnachfrage durch neue „Maschinen", wobei die Kompensationseffekte zunehmend geringer werden.[123] Was Marx theoretisch formulierte, wird in folgendem Beispiel von Emil Lederer deutlich: Wenn 1000 Arbeiter durch eine Maschine freigesetzt werden und diese Arbeiter dann für die Herstellung einer Maschine verwendet werden können, die 100 Arbeiter freisetzt, würden demzufolge im zweiten Jahr bei einem gleichbleibendem Verhältnis von 10:1 1100 Arbeiter in der Maschinenherstellung tätig sein, die ihrerseits wiederrum 110 Arbeiter freisetzen. Wie Marx schon feststellte, würde sich diese Endlosschleife ewig fortführen, sodass in diesem Beispiel schon nach 20 Jahren sechsmal mehr Arbeiter in der Maschinenherstellung tätig sein würden, als es am Anfang der Fall war. In der Realität erscheint es jedoch unwahrscheinlich, dass eine Industrie ein auf Dauer so großes Kompensationspotential aufbringen könnte.[124]

Des Weiteren ist das produzierende Gewerbe, insbesondere durch die Technologien der Digitalisierung und der Industrie 4.0, prädestiniert für die Automatisierung, sodass eine höhere Nachfrage in diesem Bereich nicht unbedingt eine (stark) erhöhte Arbeitsnachfrage erwarten lässt.

---

[122] vgl. Mettelsiefen, 1981, S. 45.
[123] vgl. Marx, 1962, S. 466.
[124] vgl. Lederer, 1931a, S. 3 f.

4.2.2 Kompensation durch Preissenkungen

Die Kompensationseffekte durch gesunkene Preise unterliegen mehreren Voraussetzungen.

Erstens führen gesunkene Kosten je nach Wettbewerbssituation nicht unbedingt zu sinkenden Preisen. Nur bei vollkommener Konkurrenz ist eine Preissenkung garantiert, da nur dort der Güterpreis den Grenzkosten entspricht. Dieser Zustand kommt in der Realität jedoch sehr selten vor.

Zweitens ist die Nachfragesteigerung abhängig von der Preiselastizität der jeweiligen Güter. Eine Halbierung des Preises für eher triviale Güter wie z.B. für Stecknadeln würde wohl kaum zu einer Verdopplung der Nachfrage nach selbigen führen. Es ist deswegen davon auszugehen, dass der durch die Preissenkung gesparte Geldbetrag je nach Konsum für die Nachfrage nach anderen Gütern genutzt wird, was dann theoretisch zu einer höheren Arbeitsnachfrage in den entsprechenden Bereichen führen kann. Dabei wird allerdings eine absolute Homogenität und Flexibilität der Arbeit vorausgesetzt, was in der Realität - insbesondere in Verbindung mit der in Kapitel 3.1.3 gezeigten „Vergeistigung" der Arbeit - oftmals nicht der Fall ist. Dazu mehr in dem Abschnitt der Kompensationseffekte durch neue Märkte und Produkte. [125],[126]

Drittens müssen die Preise schwächer als die Nominallöhne steigen bzw. im Umkehrfall stärker als die Nominallöhne fallen. Steigen/sinken die Preise in etwa gleich stark/schwach wie die Löhne bleibt die Kaufkraft der Haushalte gleich und es kann nicht von einer erhöhten Nachfrage ausgegangen werden. Sinken die Preise also nicht stark genug bzw. ist die Nachfragesteigerung nicht stark genug verringert sich stattdessen die Gesamtkaufkraft der Volkswirtschaft um den Einkommensausfall der freigesetzten Arbeitskräfte. Doch selbst wenn die Nachfragesteigerung der nicht freigesetzten Arbeitskräfte durch die gesunkenen Preise hoch genug ist, so führt dies nur dazu, dass der durch die freigesetzten Arbeitskräfte verursachte Nachfrageausfall kompensiert wird.[127] Im Endeffekt wird also der gleiche Konsum von weniger Haushalten nachgefragt. Das folgert daraus, dass die Preise unter normalen Umstände wohl nicht stärker sinken werden, als um

---

[125] vgl. van Suntum, 2005, S. 131.

[126] vgl. Mettelsiefen, 1981, S. 43 ff.

[127] vgl. Lederer, 1931a, S. 53 f.

den Betrag, der durch die eingesparten Lohnkosten entstanden ist.[128] Damit also die Arbeitsnachfrage steigt und die freigesetzten Arbeitskräfte somit wieder eingegliedert werden können, bedarf es einer Gesamtnachfrage, die über dem Niveau der Gesamtnachfrage vor der Störung liegt. Unter Annahme des sayschen Theorems wird demzufolge klassisch argumentiert, dass sich jedes Angebot seine eigene Nachfrage schafft, und sich damit das Produktionsoutput entsprechend der fehlenden Nachfrage nach Arbeitskräften erweitern würde. Allerdings wird nicht erklärt, wieso z.B. in oben beschriebener Situation, in der die Gesamtnachfrage eher sinkt oder - wenn überhaupt - auf dem gleichen Niveau wie vor den Freisetzungseffekten bleibt, Unternehmen sich dazu entscheiden sollten, ihre Produktion auszuweiten.[129] Es ist jedoch anzumerken, dass wenn, aus welchen Gründen auch immer, die freigesetzten Arbeitskräfte eine Anstellung finden würden, es in der Tat so ist, dass die Gesamtkaufkraft und damit die Gesamtnachfrage und schlussendlich dadurch auch die Produktionsmenge steigen würde. Ein solcher Fall wäre denkbar durch wirtschaftspolitische Maßnahmen wie einer expansiven Geld- oder Fiskalpolitik, die das entstandene Ungleichgewicht durch eine steigende gesamtwirtschaftliche Nachfrage wieder stabilisieren. Je nach zeitlichem Verlauf der Freisetzungseffekte könnte es durch die, bei wirtschaftspolitischen Entscheidungen üblichen, Verzögerungen jedoch schwierig sein, rechtzeitig angemessen zu reagieren. Des Weiteren sind die wirtschaftspolitischen Ressourcen begrenzt und können nur für einen bestimmten Zeitraum (zumindest bei der kreditfinanzierten Fiskalpolitik) aufrecht gehalten werden.

4.2.3 Kompensation durch Niedriglöhne

Zwar würden sich auf einem freien Markt die Löhne in der Tat so lange anpassen, bis das Gleichgewicht auf dem Arbeitsmarkt wiederhergestellt ist, dieser gleichgewichtige Reallohn könnte jedoch in der Theorie aber auch bei nur einem Euro pro Stunde liegen.[130] Anders als das saysche Theorem besagt, wird die Höhe der Beschäftigung aber nicht alleine von dem Reallohn, der am Arbeitsmarkt

---

128 vgl. Hansen, 1932, S. 25 f.

129 vgl. Hansen, 1931, S. 685 ff.

130 Je nach Preisniveau kann auch ein Reallohn von einem Euro einem heutigen Standardlohn entsprechen, es soll hier jedoch sinnbildlich von einem sehr niedrigen Lohn ausgegangen werden.

herrscht, bestimmt.[131] In der Realität sind die Nominallöhne bedingt durch gewerkschaftliche Tarifverhandlungen häufig nach unten starr. Gewerkschaften werden heute wohl keine niedrigeren Nominallöhne als die momentanen akzeptieren. Dadurch gestaltet sich eine eventuelle Gleichgewichtsbildung bei einem niedrigeren Nominallohn als der momentane schwierig, jedoch nicht unmöglich. Nicht alle Arbeitnehmer sind durch Gewerkschaften vertreten und unter Umständen ist es auch denkbar, dass Gewerkschaften sich auf geringere Nominallöhne einigen. Von der Annahme flexibler Löhne ausgehend ist es jedoch so, dass Arbeitnehmer im Normalfall nur bis zu ihrem Reservationslohn ihre Arbeitskraft anbieten. Der Reservationslohn ist der Lohn, bei dem der Arbeitnehmer nicht mehr die Beschäftigung der Arbeitslosigkeit vorzieht. Stiftet der zusätzliche mögliche Konsum durch eine Beschäftigung also weniger Nutzen als die durch die Arbeitslosigkeit gewonnene Freizeit, wird sich der Arbeitnehmer für die Arbeitslosigkeit entscheiden.[132,133]

Doch selbst unter der Annahme vollkommen flexibler Löhne ist nicht gewährleistet, dass dadurch technische Neuerungen zurückgehalten werden können. Lederer schreibt in Bezug auf vergangene industrielle Revolutionen, dass „kein Lohnniveau denkbar [ist], das die Durchsetzung des mechanischen Webstuhls hätte verhindern können."[134]

4.2.4 Kompensation durch neue Investitionen

Unter der Annahme zumindest kurzfristig starrer Preise kann von Unternehmen, die durch eine erhöhte Produktivität ihre Kosten senken konnten, ein Extragewinn erwirtschaftet werden. Je nach Verhalten derjenigen, denen dieser Extragewinn zufließt, kommen mehrere Varianten bezüglich der Wirkung dieses Kompensationseffekts zustande.

Die erste Variante ist, was das saysche Theorem in seiner Annahme Geld würde immer wieder direkt in den Wirtschaftskreislauf zurückfinden, gar nicht erst berücksichtigt: Dass das Geld „gehortet" werden kann. Schon Keynes wies darauf

---

[131] vgl. Braunberger, 2010, S. 135 f.

[132] Ausgehend von der Annahme einer Arbeitslosenunterstützung und dass der Arbeitnehmer nicht intrinsisch motiviert ist, einer bestimmten Arbeit auch ohne bzw. geringen Lohn nachzugehen.

[133] vgl. Blanchard/Illing, 2014, S. 191.

[134] Lederer, 1931b, S. 13 f.

hin, dass Geld mehr Funktionen hat, als nur die der Recheneinheit und dem Zahlungsmittel. Geld ist auch ein Wertaufbewahrungsmittel. Insbesondere in Zeiten der Unsicherheit wird Geld nicht selten gehortet, statt es zum Konsum zu nutzen oder zu investieren.[135]

Wird der Extragewinn also gehortet kommt es zu einem ähnlichen Effekt wie der, der auch schon bei der Kompensation durch Preissenkungen erläutert wurde. Der Nachfrageausfall, der durch die freigesetzten Arbeitskräfte entsteht, wird (zumindest kurzfristig) nicht einmal bis zu dem ursprünglichen Niveau kompensiert und die Gesamtnachfrage geht zurück.

Die zweite Variante ist, dass der Extragewinn entsprechend für die Konsumgüternachfrage genutzt wird. Dabei würden - erneut ähnlich zu den oben erläuterten Effekten - entweder die gleichen Güter nachgefragt werden, die auch die freigesetzten Arbeitskräfte nachgefragt haben, was dann zu einer Kompensierung des Nachfrageausfalls führen würde oder aber sie fragen unterschiedliche Güter nach, was dann zwar zu einer Steigerung der Arbeitsnachfrage in diesem Bereich führen würde, jedoch zu einem Rückgang der Arbeitsnachfrage in den Bereichen, die die freigesetzten Arbeitskräfte nachgefragt haben bzw. hätten. Was also an der einen Stelle entsteht, fällt an anderer weg, wodurch die Situation unverändert bleibt.

Die dritte Variante ist die Verwendung der Extragewinne zur Investitionsgüternachfrage (Maschinen etc.).[136] In diesem Rahmen sind zwei Arten von Investitionen zu unterscheiden: Die Ersatz-/Verbesserungsinvestitionen und die Erweiterungsinvestitionen.[137] Ersatz- bzw. Verbesserungsinvestitionen selbst haben oftmals eine arbeitssparende Wirkung, sodass zusätzliche Freisetzungseffekte eintreten würden.

Erweiterungsinvestitionen hingegen würden zu dem im Abschnitt der Kompensation durch neue Maschinen erläuterten Effekt führen. Der Extragewinn setzt sich aus den durch die gestiegene Produktivität entstandenen Lohneinsparungen zusammen. Werden diese Einsparungen nun genutzt um die Produktion zu erweitern, so führt dies gewiss zu einer Erhöhung der Nachfrage nach Arbeitskräften,

---

[135] vgl. Keynes, 2018, S. 172 f.
[136] vgl. Eckstein/Weitz, 2015, S. 32.
[137] vgl. Conrad, 2017, S. 19 f.

aber nicht in dem Umfang, in dem die Arbeitskräfte zuvor freigesetzt wurden. Ein Teil des Extragewinnes wird nämlich dazu genutzt, um entsprechende Investitionsgüter zu erwerben, was dann dazu führt, dass das „variable" Kapital (Lohn), wie es Ricardo nannte, zu „fixen" Kapital (Maschinen etc.) werde. Demzufolge würde sich das vorher ausschließlich variable Kapital nun aus variablem sowie fixen Kapital zusammensetzen, was einen geringeren Anteil an variablem Kapital impliziert.[138]

Viertens könnte der Extragewinn am Kapitalmarkt angelegt werden. Dort würde ein größeres Kapitalangebot zu einer Zinssenkung führen, was dann zu einer höheren Investitionsnachfrage seitens anderer Unternehmen führen könnte. Je nach Verwendung des Kapitals durch die anderen Unternehmen könnten dann erneut oben erläuterte Effekte eintreten.[139]

4.2.5 Kompensation durch neue Produkte und Märkte

Die Beschäftigungswirkung durch Produktinnovationen ist abhängig von der jeweiligen Reaktion der Haushalte und ob durch eine Produktinnovation andere Produkte obsolet werden. Sofern neue Unternehmen neue Produkte, die keine Substitutionseffekte auf andere Produkte haben, herstellen, ist im Prinzip von einer positiven Beschäftigungswirkung auszugehen. Von positiven Beschäftigungseffekten kann auch bei geringen bis mittleren Substitutionseffekten ausgegangen werden, da es durch den stärkeren Wettbewerb zwischen den konkurrierenden Produkten zu Preissenkungen kommen kann, die das Realeinkommen und damit die Nachfrage steigern können. Dadurch könnten mögliche Freisetzungseffekte in den Bereichen des substituierten Produktes kompensiert werden.

Von negativen Beschäftigungseffekten kann dann ausgegangen werden, wenn starke Substitutionseffekte durch das neue oder verbesserte Produkt hervorgerufen werden. Es kommt zu Freisetzungseffekten in den Bereichen des substituierten Produktes ohne, dass es zu einer gesteigerten Nachfrage kommt und ohne, dass je nach Produktionsverfahren des verbesserten Produktes, es zu positiven Beschäftigungseffekten kommt. Ausschlaggebend ist dann, welcher Anteil der

---

[138] vgl. Ricardo/Sraffa, 2004, S. 387–391.
[139] vgl. Hansen, 1931, S. 693–695.

freigesetzten Arbeitskräfte durch die Herstellung des neuen Produkts kompensiert werden könnte. [140]

Während Kapitel 3.1.1 zeigt, dass in der Wirtschaftsgeschichte große Freisetzungseffekten immer von diversen Kompensationseffekten - insbesondere Produktinnovationen - begleitet wurden, stellt sich die Frage, inwiefern der Kompensationseffekt der neuen Märkte und Produkte in Bezug auf die Digitalisierung eine Rolle spielen.

Die Möglichkeiten für neue Produkte und Märkte, die die Digitalisierung eröffnet, gehören größtenteils einer neuen Ära von Produktinnovationen an und sind nur bedingt mit den historischen Entwicklungen vergleichbar. So hatte z.B. die Einführung des Automobils einen weitaus größeren Effekt auf die Arbeitsnachfrage als die Einführung des Computers.[141],[142]

Während also arbeitsintensive Produktionen zunehmend besser automatisiert werden können, entstehen weniger arbeitsintensive Produkte und Märkte.[143]

Darauf weist auch die in Kapitel 2.4.1.2 bereits angedeutete sinkende Lohnquote hin. Karabarbounis/Neiman sowie Prettner stellen in Bezug auf selbige fest, dass Unternehmen durch informationstechnische Technologien menschliche Arbeitskraft zunehmend durch Kapital substituieren.[144],[145]

Zu sehen ist dieses Phänomen z.B. im Silicon Valley, wo laut einer Studie der technischen Universität Darmstadt, insgesamt gerade einmal 500.000 Mitarbeiter im Bereich der Informations- und Kommunikationstechnik für einen Umsatz von 180 Mrd. Dollar verantwortlich sind.[146]

Es ist anzunehmen, dass auch neu entstehende Produkte und Unternehmen auf arbeitssparende Technologien zurückgreifen. Dazu kommt, dass wenn das Geschäftsmodell von Produktinnovationen auf digitalen Informationen aufbaut (Texte, Bilder, Musik, Software etc.), zwar hohe einmalige Fixkosten durch die erstma-

---

[140] vgl. Franz, 2013, S. 190 f.

[141] vgl. Piva/Vivarelli, 2017, S. 10 f.

[142] vgl. Sendler, 2016, S. 142.

[143] vgl. Ford, 2016, S. 69f, 141f.

[144] vgl. Karabarbounis/Neiman, 2014, S. 61.

[145] vgl. Prettner, 2016, S. 7 f.

[146] vgl. Elbert/Müller/Persch, 2009, S. 13.

lige Herstellung anfallen, die Reproduktionskosten durch die digitale Vervielfältigung jedoch äußert gering ausfallen. Dadurch ist keine arbeitsintensive Produktion im herkömmlichen Sinne notwendig.[147]

Außerdem ist zu bemerken, dass im Falle einer erhöhten Nachfrage nach Gütern und Dienstleistungen, die automatisiert hergestellt werden, keine positiven Beschäftigungseffekte zu erwarten sind.

Der im Zuge des in Kapitel 3.1.3 gezeigte steigende Anteil der Tätigkeiten im Bereich der analytischen und interaktiven Nicht-Routine Tasks wirft zudem die Frage auf, inwiefern die freigesetzte Arbeitskraft homogen und flexibel genug ist, sich an neue Produkte und Märkte anzupassen und mit dem raschen technischen Fortschritt mithalten kann. Stimmen die Qualifikationen freigesetzter Arbeitskräfte nicht mit den Anforderungen der neuen Technologien überein muss es zu einem Anpassungsprozess kommen, um die Arbeitskräfte wieder in den Markt einzugliedern. Fraglich ist dabei insbesondere, wie lange dieser Anpassungsprozess dauert, ob er funktioniert und was in der Zwischenzeit passiert. Dieses Problem betrifft insbesondere schlecht ausgebildete Arbeitskräfte, denn wie u.a. Autor/Katz/Krueger zeigen, steigt durch den technischen Fortschritt zunehmend die Nachfrage nach gut ausgebildeten Arbeitskräften während die Nachfrage nach schlecht ausgebildeten sinkt.[148],[149] Diese Entwicklung spiegelt zusätzlich die oben dargestellt Entwicklung der Tätigkeiten nach dem Task-Based-Approach wieder.[150] Dementsprechend könnte es sein, dass durch neue Produkte und Märkte zwar Arbeitskräfte nachgefragt werden, die Qualifikationen der freigesetzten Arbeitskräfte jedoch nicht den Anforderungen des Arbeitsmarktes entsprechen. Dieser Umstand wird auch als „Mismatch-Arbeitslosigkeit" bezeichnet.[151]

4.3 Zwischenfazit

In Kapitel 3 wurde gezeigt, dass sich die Digitalisierung grundlegend von früheren industriellen Revolutionen unterscheidet, da sie in Bereiche vordringt, die zuvor der menschlichen Intelligenz vorbehalten waren. Gleichzeitig wurde jedoch

---

[147] vgl. Shapiro/Varian, 1999, S. 21 ff.

[148] Bekannt unter dem Stichwort „Skill-biased technological change" (SBTC).

[149] vgl. Autor/Katz/Krueger, 1998, S. 1173 f.

[150] vgl. Acemoglu/Restrepo, 2018, S. 13.

[151] vgl. Franz, 2013, S. 389.

beobachtet, dass immer mehr Tätigkeiten auf eben dieser „Denkarbeiten" basieren. Anschließend wurden mehrere Studien präsentiert, die das Substituierbarkeitspotenzial durch die in Kapitel 3.2 vorgestellten Technologien untersuchen.

Diese Studien bezogen ihre Ergebnisse allerdings lediglich auf das technische Substituierungspotential und haben explizit darauf hingewiesen, dass makroökonomische Wechselwirkungen und Rückkopplungen nicht betrachtet wurden.

In diesem Kapitel wurden deswegen die möglichen makroökonomischen Kompensationseffekte aufgezeigt.

Es kann festgestellt werden, dass die Wirkungsweisen aller Kompensationseffekte - insbesondere durch die Besonderheiten der Digitalisierung - starken Einschränkung unterliegen und allzu starke Freisetzungseffekte möglicherweise nicht kompensiert werden können.

Auch wenn sich die tatsächlichen makroökonomischen Auswirkungen der Digitalisierung erst im Laufe der Zeit zeigen werden und nicht mit völliger Gewissheit voraussagen lassen, so kann doch gezeigt werden, dass die Digitalisierung das Potenzial hat, die Freisetzungseffekte nicht mehr durch makroökonomische Kompensationseffekte ausgleichbar zu machen.

Die Potenziale der Digitalisierung werden gemeinhin eher als Risiko dargestellt, sie bieten jedoch auch noch nie dagewesene Chancen.

5 Das Grundeinkommen in der Digitalisierung

Nachfolgend soll deswegen die These diskutiert werden, dass ein Grundeinkommen die Risiken der Digitalisierung reduzieren und die Chancen nutzen kann. Dazu werden zunächst die makroökonomischen Risiken ohne ein Grundeinkommen skizziert. Anschließend werden die makroökonomischen Auswirkungen einer potenziellen Einführung des Grundeinkommens aufgezeigt.

Im letzten Kapitel werden einige Vor- und Nachteile des Grundeinkommens dargestellt.

5.1 Makroökonomische Risiken ohne Grundeinkommen

Angenommen, die in Kapitel 3.3 beschriebenen Substituierbarkeitspotenziale entfalten sich und die makroökonomischen Kompensierungseffekte reichen nicht aus, um das komplette Ausmaß der Freisetzungen zu kompensieren, so ist neben den individuellen Einbußen auch mit weitreichenden ökonomischen Auswirkungen zu rechnen.

Die erste Auswirkung wäre die auf die Volkswirtschaft. Durch die Freisetzung privater Haushalte entstehen Einkommenseinbußen. Die aggregierten Einkommenseinbußen senken dann entsprechend die gesamtwirtschaftliche Konsumnachfrage und damit die Gesamtnachfrage. Auch die Investitionsnachfrage der Unternehmen wird durch die gesunkene Gesamtnachfrage zurückgehen, da sie weniger Absatz erwarten. Das gesamtwirtschaftliche Angebot wird entsprechend reagieren und durch den entstandenen Angebotsüberschuss kurzfristig wahrscheinlich den Preis senken, auf längere Sicht jedoch die Produktion reduzieren. Das dadurch gesunkene gesamtwirtschaftliche Angebot hätte seinerseits wieder Freisetzungseffekte, da das Produktionsniveau insgesamt niedriger wäre, was wiederrum einer geringeren Arbeitsnachfrage entspricht. Dadurch würden wieder Einkommenseinbußen entstehen und der eben beschriebene Effekt würde sich wiederholen - ein Spiraleffekt entsteht.

Außerdem sind die gesamtfiskalischen Auswirkungen zu betrachten. Dem Staat entstehen Mindereinnahmen durch entgangene Steuern wie der Einkommens- oder Umsatzsteuer sowie den entgangenen Sozialbeiträgen für Kranken-, Renten- und der Pflegeversicherung. Den Mindereinnahmen stehen höhere Ausgaben für Transferzahlungen wie dem Arbeitslosengeld, der Sozialhilfe oder dem Wohngeld gegenüber. Des Weiteren können Ausgaben durch wirtschaftspolitische Maßnahmen wie einer expansiven Fiskalpolitik entstehen, durch die versucht wird die gesunkene gesamtwirtschaftliche Nachfrage aufzufangen.

Berechnungen des Instituts für Arbeitsmarkt- und Berufsforschung haben ergeben, dass die Mindereinnahmen des Staates rund 45 % der gesamtfiskalischen Kosten der Arbeitslosigkeit ausmachen. Die restlichen 55 % ergeben sich durch die zusätzlichen Ausgaben für Transferzahlungen an die freigesetzten Haushalte.[152] Daraus lässt sich schließen, dass die Kosten eines einzelnen Arbeitslosen im Durchschnitt mehr als doppelt so hoch sind wie Einnahmen des Staates, die ihm vor der Freisetzung dieser Arbeitskraft zugeflossen sind.[153] Weiter lässt sich daraus schließen, dass für die Finanzierung eines Arbeitslosen im Durchschnitt zirka zwei erwerbstätige Arbeitskräfte notwendig sind. Die Kosten der Arbeitslosigkeit müssten also auf zunehmend weniger erwerbstätige Arbeitskräfte umgelegt werden. Ab einem gewissen Punkt übersteigen jedoch die Kosten der freigesetzten Arbeitskräfte die Einnahmen durch die verbliebenen Erwerbstätigen. Im Jahr 2016 lag diese Schwelle in Deutschland - ausgehend davon, dass die Kosten eines Erwerbslosen dem ~2,25-fachen der ursprünglichen Staatseinnahmen entsprechen - bei einer Arbeitslosenquote von zirka 31 %.[154]

Ab dieser Arbeitslosenquote wären die durch die Arbeitslosigkeit verursachten Kosten gleich der verbleibenden Einnahmen durch die Erwerbstätigen. Bei einer höheren Arbeitslosenquote als der eben genannten wären die Kosten dementsprechend größer als die Einnahmen. Aber auch Arbeitslosenquoten unter den besagten 31 % führen aufgrund der hohen Kosten zu massiven Einschränkungen im Budget des Staates. Es zeigt sich, dass die heutigen Transferzahlungen an

---

[152] vgl. Bach/Spitznagel, 2012, S. 2.

[153] Da $\frac{100}{0{,}445} \approx 2{,}25$

[154] Eigene Berechnungen. Grundlage ist die Anzahl der Erwerbspersonen laut dem Statistisches Bundesamt, 2017, S. 352 aus dem Jahre 2016, die bei 45,284 Millionen Personen lag. Ausgehend von Kosten eines Arbeitslosen die dem 2,25-fachen der staatlichen Einnahmen durch einen Erwerbstätigen entsprechen, ergibt sich folgende Gleichung:

$Erwerbspersonen - Erwerbslose = Erwerbslose * 2{,}25$

$45284 - x = x * 2{,}25$ wobei x = Erwerbslose

Durch umstellen der Gleichung ergibt sich:

$x \approx 13934$

Oben genannte Arbeitslosenschwelle ergibt sich dann durch:

$\frac{13934}{43513} \approx 0{,}31$

Haushalte nicht unendlich skalierbar sind, und der Staat bei einer höheren Arbeitslosenquote entweder die Einnahmenseite durch höhere Beiträge der Erwerbstätigen oder aber die Kostenseite durch Senkungen der Transferzahlungen anpassen müsste.

5.2 Makroökonomische Auswirkungen eines Grundeinkommens

Der oben beschriebene Spiraleffekt könnte durch ein Grundeinkommen stabilisiert werden. Die Einkommenseinbußen der freigesetzten Haushalte würden, je nach Höhe des Grundeinkommens, entweder vermindert oder sogar komplett kompensiert werden. Damit würde sich die gesamtwirtschaftliche Nachfrage zumindest auf dem Einkommens- und Konsumniveau des Grundeinkommens halten.

Die Auswirkungen auf den Arbeitsmarkt könnten unterschiedlich ausfallen. Davon ausgehend, dass noch eine gewisse Arbeitsnachfrage vorhanden ist, wird zum einen die Bereitschaft der Haushalte, ihre Arbeitskraft anzubieten dadurch beeinflusst, dass das Grundeinkommen auch dann voll ausgezahlt wird, wenn der Empfänger erwerbstätig ist. Einige Erwerbspersonen werden diese Möglichkeit nutzen, um zusätzliches Einkommen zu generieren. Andere Erwerbspersonen, insbesondere die des Niedriglohnsektors, könnten ihren Reservationslohn stark anpassen und dementsprechend ihr Arbeitsangebot einschränken. Dadurch könnte auf dem Arbeitsmarkt ein Nachfrageüberhang im Niedriglohnsektor entstehen, was Unternehmen dazu veranlassen könnte, höhere Nominallöhne zu zahlen. Andererseits könnte auf dem Arbeitsmarkt, je nach Umfang und Fortschritt der Freisetzung, ein Angebotsüberhang entstehen, weil sich nun für besonders viele Haushalte die Aufnahme von Tätigkeiten im Niedriglohnsektor erstmals lohnt - dadurch könnten die Unternehmen unter Umständen noch niedrigere Löhne durchsetzen.

Trotz mehrere Grundeinkommen-Testprojekte liegen noch keine Ergebnisse vor, wie sich das Arbeitsangebot bei Einführung eines Grundeinkommens tatsächlich verhält. Grund hierfür ist, dass die Höhe des Grundeinkommens bei allen Testprojekten nicht existenzsichernd war und die Probanden so nicht frei entscheiden konnten, ob sie einer Arbeit nachgehen, oder nicht. Ein vielversprechendes Testprojekt wird 2019 in der Schweiz starten. Dort werden die Probanden monatlich für ein Jahr lang – je nach Alter - bis zu 2500 Schweizer Franken (~2150 €) erhalten.[155]

Die Auswirkung auf das Budget des öffentlichen Haushalts hängt von der Finanzierung des Grundeinkommens ab. Aus verständlichen Gründen muss der Budgetsaldo für ein funktionierendes Grundeinkommen aber zumindest langfristig ausgeglichen sein.

5.3 Vor- und Nachteile

Davon abgesehen, dass ein Grundeinkommen, in welcher Form auch immer, in der Zukunft aus ökonomischer Sicht so oder so notwendig sein könnte, ergeben sich weitere Vor- und Nachteile.

Für den Einzelnen würden Existenzängste wegfallen und es könnte, sofern eine entsprechende Arbeitsnachfrage seitens der Unternehmen besteht, frei entschieden werden, ob einer (und wenn, welcher) Beschäftigung nachgegangen werden möchte, oder nicht. Außerdem könnte Aktivitäten nachgegangen werden, die normalerweise nicht entlohnt werden wie z.B. ehrenamtliche Tätigkeiten.

Diese erlangte Selbstbestimmtheit könnte die Zufriedenheit des Einzelnen erhöhen und dadurch, dass materielle Grundbedürfnisse leicht befriedigt werden können, möglicherweise Potenziale freisetzen, die vorher nicht entfaltet werden konnten.[156]

Dadurch, dass das Grundeinkommen bedingungslos ausgezahlt wird, entfallen u.U. auch Verwaltungsaufwände für Transferleistung, die im Zuge der Einführung eines Grundeinkommens wegfallen würden.[157]

Es ist jedoch so, dass „Arbeit [seit jeher] die Existenzgrundlage menschlichen Lebens [ist]".[158] Demzufolge könnte das plötzliche Fehlen dieser Existenzgrundlage zu Problemen wie der generellen Antriebslosigkeit oder eines verstärkten Drogenkonsums führen. Oft definieren sich Menschen über ihre Arbeit und ein großer Teil des sozialen Umfelds hängt an selbiger. Es besteht also die Gefahr, dass einzelne nicht mit der neu erlangten Entscheidungsfreiheit zurechtkommen und die

---

[155] vgl. Angstmann, 2018.

[156] vgl. Müller, 2014, S. 43.

[157] vgl. Straubhaar, 2008, S. 37.

[158] Vobruba, 2007, S. 16.

Situation schlechter als vorher empfinden. Für diese nicht-ökonomischen Nachteile eines Grundeinkommens bedarf es weiterer größerer Transformationen innerhalb einer Gesellschaft. Ein möglicher Ansatzpunkt wäre, das Bildungssystem so umzugestalten, dass jeder in jeder Lebensphase sich mit den Themen beschäftigen kann, die ihn persönlich interessieren.

Doch als eines der größten Kritikpunkte bzw. Nachteile des Grundeinkommens gilt seine Finanzierung. Aufgrund dessen wurden eingangs bereits einige Finanzierungsmodelle vorgestellt.

Bewusst ausgelassen wurden allerdings Finanzierungsmodelle, die auf der Besteuerung von Einkommen oder Konsum basieren. Zum einen ist es in oben beschriebenem Szenario schwierig, ein Grundeinkommen über die Besteuerung des Einkommens zu finanzieren, da eben dieses Einkommen durch die Freisetzungseffekte zunehmend wegfallen würde. Des Weiteren würde eine Besteuerung des Einkommens den Produktionsfaktor Arbeit finanziell zusätzlich belasten, wodurch eine Automatisierung noch attraktiver wird und den Prozess der Freisetzung eher noch beschleunigen würde.

Die Besteuerung des Konsums ist in oben beschriebenem Szenario ebenfalls kritisch zu hinterfragen, da keine ausreichende Umverteilung der Einnahmen stattfinden könnte. Die Lohneinsparungen, die durch eine Substituierung menschlicher Arbeitskraft entstehen, fließen in erster Linie den Unternehmen zu. Eine Konsumsteuer jedoch fungiert wie eine erweiterte Umsatzsteuer und wird demzufolge ausschließlich vom Endverbraucher getragen - eine Umverteilung könnte dadurch nur beschränkt bzw. langsam stattfinden und es würde ein ähnlicher Effekt wie der in Kapitel 4.2.4 beschriebene eintreten. Es ist außerdem so, dass Haushalte mit einem geringen Einkommen durch eine Konsumsteuer unverhältnismäßig stark belastet werden würden. Haushalte mit einem geringen Einkommen sind dazu gezwungen, einen Großteil ihres Einkommens zu konsumieren, wodurch sie relativ zu ihrem Einkommen eine höhere Steuerbelastung hätten, als Haushalte mit einem hohen Einkommen.

Um das Budgetsaldo des Staates im Gleichgewicht zu halten, empfiehlt sich zur Finanzierung deshalb eine Steuer, die nicht auf der Erweiterung der Einkommens- oder Umsatzsteuer basiert.

Auf eine detaillierte Analyse der Finanzierung eines Grundeinkommens muss umfangsbedingt in dieser Arbeit verzichtet werden, die eingangs beschriebenen Finanzierungsmodelle erfüllen jedoch zumindest die Voraussetzung der Umverteilung der Lohneinsparungen und basieren nicht auf Einkommensquellen, die in einer arbeitssparenden Digitalisierung wegfallen könnten.[159] Eine Kombination verschiedener Finanzierungsmodelle in Verbindung mit den staatlichen Einsparungen durch den Wegfall anderer sozialer Sicherungssysteme sowie den durch den Entfall der Bedürftigkeitsprüfung sinkenden Verwaltungsaufwänden, erscheint am wahrscheinlichsten.

---

[159] Für vertiefende Literatur zu verschiedenen Finanzierungsmodellen siehe z.B. Torry, 2016, Walker, 2014, Vanderborght/van Parijs, 2005 und Presse, 2010.
Für deutsche Befürworter bestimmter Finanzierungsmodelle siehe z.B. Straubhaar, 2017, Werner, 2007 oder Precht, 2018.

6 Fazit

Die Arbeit zeigt, dass sich die Digitalisierung grundlegend von vergangenen technischen Revolutionen unterscheidet. Die Technologien der Digitalisierung dringen erstmals in ein Terrain vor, dass in der Vergangenheit ausschließlich dem Menschen vorbehalten war – der „Denkarbeit" (Kap. 4.3). Gleichzeitig schließen immer mehr Tätigkeiten Denkarbeiten ein. Dadurch entstehen sehr hohe Substituierbarkeitspotentiale für viele heutige Berufe.

Die tatsächlichen makroökonomischen Auswirkungen, die diese Substituierbarkeitspotentiale mit sich bringen könnten, kann nur die Zeit zeigen. Allerdings wurde dargestellt, dass alle Kompensationseffekte, die sich aus dem Kernargument vieler Ökonomen, dass sich die Zukunft bezüglich technologisch bedingter Arbeitslosigkeit genau so verhalten wird wie die Vergangenheit, starken Einschränkungen unterliegen. Ob eine Kompensation der potenziellen Substituierungen also stattfinden kann ist fraglich.

Es scheint so, als würde oft vergessen, dass ökonomische Theorien keine Naturgesetze sind und die heutige moderne Makroökonomie erst auf der Grundlage entstanden ist, dass die damalig allgemein gültige Wirtschaftstheorie an der Erklärung der Weltwirtschaftskrise der 1930er Jahre scheiterte.[160] Prozesse müssen also in der Zukunft nicht zwangsläufig genau so sein, nur weil sie in der Vergangenheit so waren.

Dieser Gedanke zeigt die Dringlichkeit über Modelle nachzudenken, die die potenziellen negativen Auswirkungen der Digitalisierung entschärfen können. Das Grundeinkommen stellt sich dabei als valides Modell heraus, sofern eine budgetneutrale Finanzierung gewährleistet ist.

---

[160] vgl. Blanchard/Illing, 2014, S. 830.

Diese Arbeit soll jedoch keineswegs Angst und Pessimismus vor einer möglichen Massenarbeitslosigkeit in der Zukunft suggerieren. Ganz im Gegenteil – schon vor knapp 100 Jahren schrieb Keynes in seinem Essay „Economic Possibilities for our Grandchildren", dass die Menschheit dadurch, dass menschliche Arbeit schneller substituiert wird, als dass für sie neue Verwendung gefunden werden kann, auf lange Sicht ihr „ökonomischen Problem" lösen könne.[161]

Nun, da die heutige Generation die „Grandchildren" ist, der Keynes diese ökonomische Möglichkeit zugesprochen hat, sollten wir daran arbeiten, dass er Recht behält.

---

[161] Freie Übersetzung durch den Autor. Im Original: *„This means unemployment due to our discovery of means of economising the use of labor outrunning the pace at which we can find new uses for labor. .... All this means in the long run that mankind is solving its economic problem."* Keynes, 1930, S. 325 f.

Literaturverzeichnis

Acemoglu, Daron/Restrepo, Pascual (2018): Artificial Intelligence, Automation and Work. National Bureau of Economic Research (Hrsg.), Cambridge, Mass. in: NBER Working Paper Nr. 24196

Alaska Permanent Fund Corporation (2018): Alaska Permanent Fund Corporation, <https://apfc.org/> [Zugriff 2018-04-29]

Andelfinger, Volker P./Hänisch, Till (2017): Industrie 4.0: Wie cyber-physische Systeme die Arbeitswelt verändern, Wiesbaden: Springer Fachmedien, 2017

Angstmann, Raffaela (2018): Grundeinkommen soll in Zürcher Gemeinde Rheinau ge-testet werden. Neue Zürcher Zeitung AG, <https://www.nzz.ch/zuerich/grundeinkommen-soll-in-zuercher-gemeinde-rheinau-getestet-werden-ld.1391466> [Zugriff 2018-06-29]

Arnswald, Ulrich (Hrsg.) (2010): Thomas Morus' Utopia und das Genre der Utopie in der Politischen Philosophie, Karlsruhe: KIT Scientific Publishing, 2010

Autor, D. H./Levy, F./Murnane, R. J. (2003): The Skill Content of Recent Techno-logical Change: An Empirical Exploration, in: The Quarterly Journal of Economics 118 (2003), S. 1279–1333

Autor, David/Katz, Lawrence/Krueger, Alan (1998): Computing Inequality: Have Com-puters Changed the Labor Market?, in: The Quarterly Journal of Economics (1998), S. 1169–1214

Autor, David H./Dorn, David (2013): The Growth of Low-Skill Service Jobs and the Polarization of the US Labor Market, in: American Economic Review 103 (2013), S. 1553–1597

Autor, David H./Price, Brendan (2013): The Changing Task Composition of the US Labor Market: An Update of Autor, Levy, and Murnane (2003). Massachusetts Insti-tute of Technology (Hrsg.). in: MIT Working Paper

Bach, Hans-Uwe/Spitznagel, Eugen (2012): Kosten der Arbeitslosigkeit: Druck auf öf-fentliche Budgets lässt nach. Institut für Arbeitsmarkt- und Berufsforschung (Hrsg.), Nürnberg. in: IAB-Kurzbericht 08/2012

Beniger, James Ralph (1989): The control revolution: Technological and economic ori-gins of the Information Society, 5. Aufl., Cambridge, Mass.: Harvard Univ. Press, 1989

Berschens, Ruth/Greive, Martin (2017): Finanztransaktionssteuer: Finaler Todesstoß durch Macron. Handelsblatt GmbH, <https://app.handelsblatt.com/politik/international/finanztransaktionssteuer-finaler-todesstoss-durch-macron/20521018.html> [Zugriff 2018-07-15]

Blanchard, Olivier/Illing, Gerhard (2014): Makroökonomie, 6. Aufl., Hallbergmoos: Pearson, 2014

Bonin, Holger/Gregory, Terry/Zierahn, Ulrich (2015): Übertragung der Studie von Frey/Osborne (2013) auf Deutschland. Bundesministerium für Arbeit und Soziales (Hrsg.), Mannheim

Boston Dynamics (Hrsg.) (2018): Boston Dynamics | Robots, <https://www.bostondynamics.com/robots> [Zugriff 2018-06-02]

Braunberger, Gerald (2010): Keynes für jedermann: Die Renaissance des Krisenöko-nomen, Frankfurt am Main: Frankfurter Allgemeine Buch, 2010

Braverman, Harry (1998): Labor and monopoly capital: The degradation of work in the twentieth century, 25. Aufl., New York: Monthly Review Press, 1998

Brynjolfsson, Erik/McAfee, Andrew (2016): The second machine age: Wie die nächste digitale Revolution unser aller Leben verändern wird, 6. Aufl., Kulmbach: Börsen-medien AG, 2016

Buchheim, Christoph (1994): Industrielle Revolutionen: Langfristige Wirtschaftsent-wicklung in Grossbritannien, Europa und in Übersee, München: Dt. Taschenbuch-Verl., 1994

Bundesfinanzministerium (2016): 11. Existenzminimumbericht - Bundesfinanzministe-rium. Bundesministerium der Finanzen (Hrsg.), 11. Aufl., Berlin. in: Monatsbericht

Burk, Inga/Brzeski, Carsten (2015): Die Roboter kommen: Folgen der Automatisierung für den deutschen Arbeitsmarkt. ING-DiBa AG (Hrsg.). in: Economic Research

CDU/CSU/Die Grünen (Hrsg.) (2017): Koalitionsvertrag: für die 19. Wahlperiode des Schleswig-Holsteinischen Landtages (2017-2022). CDU/CSU/Die Grünen (Hrsg.)

Clark, Colin (1940): The conditions of economic progress, London: Macmillan and Co., Limited, 1940

Clark, Gregory (2007): A Farewell to Alms: A Brief Economic History of the World, Princeton: Princeton University Press, 2007

Conrad, Christian A. (2017): Angewandte Makroökonomie: Eine praxisbezogene Ein-führung, Wiesbaden: Springer Fachmedien Wiesbaden, 2017

Cyert, Richard Michael/Mowery, David C. (Hrsg.) (1987): Technology and employment: Innovation and growth in the U.S. economy, Washington, D.C: National Academy Press, 1987

Dauth, Wolfgang u. a. (2017): German Robots - The Impact of Industrial Robots on Workers. Institut of Employment Research (Hrsg.), Nürnberg. in: IAB Disussion Pa-pers 30/2017

Degryse, Christophe (2016): Digitalisation of the Economy and its Impact on Labour Markets. European Trade Union Institute (Hrsg.), Brüssel

Delaney, Kevin J. (2017): The robot that takes your job should pay taxes, says Bill Gates, <https://qz.com/911968/bill-gates-the-robot-that-takes-your-job-should-pay-taxes/> [Zugriff 2018-07-20]

Dudenredaktion (Hrsg.) (2018): Duden | Intelligenz, <https://www.duden.de/node/651940/revisions/1679881/view> [Zugriff 2018-05-14]

Eberl, Ulrich (2016): Smarte Maschinen: Wie Künstliche Intelligenz unser Leben ver-ändert, München: Carl Hanser Verlag, 2016

Eckstein, Anja/Weitz, Bernd O. (2015): VWL Grundwissen: TaschenGuide, 4. Aufl., München: Haufe Lexware, 2015

Elbert, Ralf/Müller, Fabian/Persch, Daniel J. (2009): IKT-Cluster: Potenzial der Region Südhessen/Rhein Main Neckar zur Entwicklung eines Clusters der Informations- und Kommunikationstechnologie. Technische Universität Darmstadt (Hrsg.), Darmstadt. in: Publications of Darmstadt Technical University

Engelkamp, Paul/Sell, Friedrich L. (2017): Einführung in die Volkswirtschafts-lehre, 7. Aufl., Berlin, Heidelberg: Springer Berlin Heidelberg, 2017

Ertel, Wolfgang (2016): Grundkurs Künstliche Intelligenz: Eine praxisorientier-te Ein-führung, 4. Aufl., Wiesbaden: Springer Vieweg, 2016

Feldmann, Carsten/Gorj, Anneliese (2017): 3D-Druck und Lean Production: Schlanke Produktionssysteme mit additiver Fertigung, Wiesbaden: Sprin-ger Fachmedien Wiesbaden, 2017

Fischer, Wolfram/Krengel, Jochen/Wietog, Jutta (1982): Sozialgeschichtliches Arbeits-buch: Materialien zur Statistik des Deutschen Bundes 1815 - 1870. (Statistische Ar-beitsbücher zur neueren deutschen Geschichte), München: Beck Verlag, 1982

Ford, Henry (2008): My life and work: BN Publishing, 2008

Ford, Martin (2016): The rise of the robots: Technology and the threat of mass unem-ployment, London: Oneworld, 2016

Fourastié, Jean (1949): Die grosse Hoffnung des Zwanzigsten Jahrhunderts, Köln-Deutz: Bund Verlag GmbH, 1949

Franz, Wolfgang (2013): Arbeitsmarktökonomik, 8. Aufl., Berlin, Heidelberg: Springer Berlin Heidelberg, 2013

Frey, Carl Benedikt/Osborne, Michael A. (2013): The future of employment: How sus-ceptible are jobs to computerisation? University of Oxford (Hrsg.), Oxford. in: Oxford Martin Programme on Technology and Em-ployment

Gebhardt, Andreas (2016): Additive Fertigungsverfahren: Additive manufac-turing und 3D-Drucken für Prototyping - Tooling - Produktion, 5. Aufl., München: Hanser, 2016

Geißler, Rainer (2014): Die Sozialstruktur Deutschlands, 7. Aufl., Wiesbaden: Springer Fachmedien Wiesbaden, 2014

Gerichtshof der Europäischen Union v. 3.10.2006, C-475/03, http://curia.europa.eu/juris/liste.jsf?language=de&num=C-475/03

Gesell, Silvio (2003): Die natürliche Wirtschaftsordnung: Rudolf Zitzmann Ver-lag, 2003

Goldin, Claudia/Katz, Lawrence (1996): The Origins of Technology-Skill Com-plemen-tarity. National Bureau of Economic Research (Hrsg.), Cambridge, Mass. in: NBER Working Paper Nr. 5657

Guger, Alois/Marterbauer, Markus/Ewald, Walterskirchen (2006): Finanzie-rung des öffentlichen Gesundheitswesen, in: WIFO-Monatsberichte (2006), S. 523–547

Hansen, Alvin H. (1931): Institutional Frictions and Technological Unemploy-ment, in: The Quarterly Journal of Economics (1931), S. 684–697

Hansen, Alvin H. (1932): The Theory of Technological Progress and the Disloca-tion of Employment, in: American Economic Review 22 (1932), S. 25–31

Hansen, Jens (2017): Zukunft Digitalisierung: der Wettlauf zum Weltbetriebs-system: Warum wir neue Visionen für Wirtschaft, Staat und Sicherheit brauchen: Jens Han-sen Consulting GmbH, 2017

Hohorst, Gerd/Kocka, Jürgen/Ritter, Gerhard A. (1978): Sozialgeschichtliches Arbeits-buch II: Materialien zur Statistik des Kaiserreichs 1870 - 1914, 2. Aufl., München: Beck Verlag, 1978

International Federation of Robotics (Hrsg.) (2017): World Robotics Report 2017: Exe-cute Summary. International Federation of Robotics (Hrsg.), Frankfurt am Main

Jaekel, Michael (2017): Die Macht der digitalen Plattformen: Wegweiser im Zeitalter einer expandierenden Digitalsphäre und künstlicher Intelligenz, Wiesbaden: Springer Vieweg, 2017

Karabarbounis, Loukas/Neiman, Brent (2014): The Global Decline of the Labor Share, in: The Quarterly Journal of Economics (2014), S. 61–103

Keynes, John M. (2018): The General Theory of Employment, Interest, and Money (1936), Cham: Springer International Publishing, 2018

Keynes, John Maynard (1930): Economic Possibilities for our Grandchildren, in: The Nation and Athenaeum (1930), S. 321–332

Lederer, Emil (1931a): Technischer Fortschritt und Arbeitslosigkeit, Tübingen: Mohr Verlag, 1931

Lederer, Emil (1931b): Wirkungen des Lohnabbaus: Ein Vortrag, Tübingen: Mohr Ver-lag, 1931

Lemke, Claudia (2015): Einführung in die Wirtschaftsinformatik, Berlin/Heidelberg: Springer Gabler, 2015

Mainzer, Klaus (2016): Künstliche Intelligenz - Wann übernehmen die Maschinen?, Berlin/Heidelberg: Springer, 2016

Mankiw, Nicholas Gregory (2010): Macroeconomics, 7. Aufl., New York, NY: Worth, 2010

Marx, Karl (1962): Das Kapital: Kritik der politischen Ökonomie, 2. Aufl., Berlin: Dietz Verlag Berlin, 1962

Matias, Yossi/Leviathan, Yaniv (2018): Google Duplex: An AI System for Accomplish-ing Real-World Tasks Over the Phone, <https://ai.googleblog.com/2018/05/duplex-ai-system-for-natural-conversation.html> [Zugriff 2018-06-01]

May, Hermann (Hrsg.) (2003): Handbuch zur ökonomischen Bildung, 7. Aufl., Mün-chen/Wien: Oldenbourg, 2003

Mettelsiefen, Bernd (1981): Technischer Wandel und Beschäftigung, Zugl.: Bochum, Univ., Abt. für Sozialwiss., Diss., 1980, Frankfurt/Main/New York

Morris, Ian (2011): Wer regiert die Welt?: Warum Zivilisationen herrschen oder be-herrscht werden, Frankfurt am Main: Campus Verlag, 2011

Müller, Frank (2014): Umsetzungs- und Finanzierungsmodelle des Bedingungslosen Grundeinkommens: Pro und Kontra sowie Alternativen zum BGE, Hamburg: Dip-lomica-Verl., 2014

Mussel, Gerhard (2013): Einführung in die Makroökonomik, 11. Aufl., München: Vah-len, 2013

Neugebauer, Reimund (Hrsg.) (2018): Digitalisierung: Schlüsseltechnologien für Wirt-schaft und Gesellschaft, Berlin/Heidelberg: Springer Vieweg, 2018

O'Regan, Gerard (2016): Introduction to the History of Computing: A Computing His-tory Primer, Cham: Springer International Publishing, 2016

O'Regan, Gerard (2018): World of Computing: A Primer Companion for the Digital Age, Cham: Springer International Publishing, 2018

Paine, Thomas (2017): Agrarian Justice: Earthsharing Devon, 2017

Petrina, Dietmar/Abelshauser, Werner/Faust, Anselm (1978): Sozialgeschicht-liches Arbeitsbuch III: Materialien zur Statistik des Deutschen Reiches 1914-1945, 3. Aufl., München: Beck Verlag, 1978

Pierenkemper, Toni (2005): Wirtschaftsgeschichte: Eine Einführung - oder: wie wir reich wurden, München/Wien: Oldenbourg, 2005

Piva, Mariacristina/Vivarelli, Marco (2017): Technological Change and Employment: Were Ricardo and Marx Right? Institute of Labor Economics (Hrsg.), Bonn. in: Dis-cussion Paper Series Nr. 10471

Precht, Richard David (2018): Jäger, Hirten, Kritiker: Eine Utopie für die digitale Ge-sellschaft, München: Goldmann, 2018

Presse, André (2010): Grundeinkommen: Idee und Vorschläge zu seiner Realisierung, (zugl.: Karlsruher Inst. für Technologie, Diss., 2009), Karlsruhe

Prettner, Klaus (2016): The implications of automation for economic growth and the labor share, Stuttgart. in: Hohenheim Discussion Papers in Business, Economics and Social Sciences 18-2016

Ricardo, David/Sraffa, Piero (2004): The works and correspondence of David Ricardo, Indianapolis: Liberty Fund, 2004

Say, Jean-Baptiste (1971): A Treatise on Political Economy or the Production, Distribu-tion and Consumption of Wealth, New York: Augustus M. Kelley Publishing, 1971

Schulmeister, Stephan (2011): Implementation of a General Financial Transaction Tax. Österreichisches Institut für Wirtschaftsforschung (Hrsg.), Wien

Schulmeister, Stephan/Schratzenstaller, Margit/Picek, Oliver (2008): A General Financial Transaction Tax - Motives, Revenues, Feasibility and Effects. Österreichisches Institut für Wirtschaftsforschung (Hrsg.), Wien

Schwab, Klaus (2016): Shaping the Fourth Industrial Revolution, <https://www.project-syndicate.org/commentary/fourth-industrial-revolution-human-development-by-klaus-schwab-2016-01> [Zugriff 2018-07-20]

Sendler, Ulrich (Hrsg.) (2016): Industrie 4.0 grenzenlos, Berlin, Heidelberg: Springer Berlin Heidelberg, 2016

Shapiro, Carl/Varian, Hal R. (1999): Information rules: A strategic guide to the network economy, Boston, Mass.: Harvard Business School Pr, 1999

Siegwart, Roland/Nourbakhsh, Illah Reza/Scaramuzza, Davide (2011): Introduction to autonomous mobile robots, 2. Aufl., Cambridge, Mass.: MIT Press, 2011

Spence, Thomas (1982): The Rights of Infants (1797), London: Palgrave Macmillan, 1982

Spitz-Oener, Alexandra (2006): Technical Change, Job Tasks, and Rising Educational Demands: Looking outside the Wage Structure, in: Journal of Labor Economics 24 (2006), S. 235–270

Stampfl, Nora S. (2011): Die Zukunft der Dienstleistungsökonomie: Momentaufnahme und Perspektiven, Berlin, Heidelberg: Springer Berlin Heidelberg, 2011

Statistisches Bundesamt (Hrsg.) (1962): Statistisches Jahrbuch für die Bundesrepublik Deutschland 1962, Wiesbaden: Statistisches Bundesamt, 1962

Statistisches Bundesamt (Hrsg.) (1976): Statistisches Jahrbuch für die Bundesrepublik Deutschland 1976, Wiesbaden: Statistisches Bundesamt, 1976

Statistisches Bundesamt (Hrsg.) (1990): Statistisches Jahrbuch für die Bundesrepublik Deutschland 1990, Wiesbaden: Statistisches Bundesamt, 1990

Statistisches Bundesamt (Hrsg.) (2012): Statistisches Jahrbuch für die Bundesrepublik Deutschland 2012, Wiesbaden: Statistisches Bundesamt, 2012

Statistisches Bundesamt (Hrsg.) (2017): Statistisches Jahrbuch für die Bundesrepublik Deutschland 2017, Wiesbaden: Statistisches Bundesamt, 2017

Statistisches Bundesamt (Hrsg.) (2018a): Gesundheitsausgaben: Deutschland, Jahre 2000 - 2016, Ausgabenträger (Genesis-Datenbank, Stand: 03.05.2018). Statistisches Bundesamt (Hrsg.)

Statistisches Bundesamt (Hrsg.) (2018b): VGR des Bundes - Arbeitnehmerentgelt, Löh-ne und Gehälter (Inländerkonzept): Deutschland, Jahre 2000-2016 (Genesis-Datenbank, Stand: 03.05.2018). Statistisches Bundesamt (Hrsg.)

Statistisches Bundesamt (Hrsg.) (2018c): Volkswirtschaftliche Gesamtrechnung 1970 - 2017, Wiesbaden: Statistisches Bundesamt, 2018

Stengel, Oliver/van Looy, Alexander/Wallaschkowski, Stephan (Hrsg.) (2017): Digital-zeitalter - Digitalgesellschaft: Das Ende des Industriezeitalters und der Beginn einer neuen Epoche, Wiesbaden: Springer Fachmedien Wiesbaden, 2017

Straubhaar, Thomas (Hrsg.) (2008): Bedingungsloses Grundeinkommen und Solidari-sches Bürgergeld - mehr als sozialutopische Konzepte, Hamburg: Hamburg Univ. Press, 2008

Straubhaar, Thomas (2017): Radikal gerecht: Wie das bedingungslose Grundeinkom-men den Sozialstaat revolutioniert, Hamburg: Edition Körber-Stiftung, 2017

Süddeutsche.de (Hrsg.) (2018): Bedingungsloses Grundeinkommen bald passé, <https://www.sueddeutsche.de/wirtschaft/finnland-bedingungsloses-grundeinkommen-bald-passe-1.3956654> [Zugriff 2018-06-25]

Sun, Alex (2015): 3D-printed cities: is this the future?, <https://www.theguardian.com/cities/2015/feb/26/3d-printed-cities-future-housing-architecture> [Zugriff 2018-07-14]

Torry, Malcolm (2016): The Feasibility of Citizen's Income, New York: Palgrave Mac-millan US, 2016

van Suntum, Ulrich (2005): Die unsichtbare Hand: Ökonomisches Denken ges-tern und heute, 3. Aufl., Berlin/Heidelberg/New York: Springer, 2005

Vanderborght, Yannick/van Parijs, Philippe (2005): Ein Grundeinkommen für alle?: Geschichte und Zukunft eines radikalen Vorschlags, Frankfurt/Main: Campus-Verl., 2005

Vivarelli, Marco (2012): Innovation, Employment and Skills in Advanced and Develop-ing Countries : A Survey of the Literature. Institute of Labor Economics (Hrsg.), Bonn. in: Discussion Paper Series Nr. 6291

Vobruba, Georg (2007): Entkoppelung von Arbeit und Einkommen: Das Grund-ein-kommen in der Arbeitsgesellschaft, 2. Aufl., Wiesbaden: VS, Verl. für Sozialwiss, 2007

Wagner, Jens (2018): Legal Tech und Legal Robots: Der Wandel im Rechtsmarkt durch neue Technologien und künstliche Intelligenz, Wiesbaden: Springer Fachmedien Wiesbaden, 2018

Walker, Mark (2014): Free Money for All: A Basic Income Guarantee Solution for the Twenty-First Century, New York: Palgrave Macmillan US; Palgrave Macmillan, 2014

Werner, Götz W. (Hrsg.) (2007): Grundeinkommen und Konsumsteuer - Impulse für "Unternimm die Zukunft": Tagungsband zum Karlsruher Symposium Grundein-kommen: bedingungslos, Karlsruhe: Univ.-Verl. Karlsruhe, 2007

Williams, John B. (2017): The Electronics Revolution: Inventing the Future, Cham: Springer International Publishing, 2017

Wohltmann, Hans-Werner (2016): Grundzüge der makroökonomischen Theorie: Total-analyse geschlossener und offener Volkswirtschaften, 7. Aufl., Berlin: De Gruyter Oldenbourg, 2016

World Government Summit (2017): WGS17 Session: A Conversation with Elon Musk. Youtube, 22:40, 2017, <https://www.youtube.com/watch?v=rCoFKUJ_8Yo>